Schriften zum Verkehrsmarktrecht

herausgegeben von

Prof. Dr. Matthias Knauff, LL.M. Eur.

Band 10

Matthias Knauff (Hrsg.)

Neuerungen im Rechtsrahmen für den ÖPNV

7. Jenaer Gespräche zum Recht des ÖPNV

Nomos

Onlineversion
Nomos eLibrary

Die Deutsche Nationalbibliothek verzeichnet diese Publikation in der Deutschen Nationalbibliografie; detaillierte bibliografische Daten sind im Internet über http://dnb.d-nb.de abrufbar.

ISBN 978-3-8487-7422-7 (Print)
ISBN 978-3-7489-1425-9 (ePDF)

1. Auflage 2022
© Nomos Verlagsgesellschaft, Baden-Baden 2022. Gesamtverantwortung für Druck und Herstellung bei der Nomos Verlagsgesellschaft mbH & Co. KG. Alle Rechte, auch die des Nachdrucks von Auszügen, der fotomechanischen Wiedergabe und der Übersetzung, vorbehalten. Gedruckt auf alterungsbeständigem Papier.

Vorwort

Der Abschluss der 19. Legislaturperiode war durch eine höchst aktive Gesetzgebung geprägt. Diese betrifft auch den ÖPNV. Zwar ist die „große Reform" ausgeblieben. Mit dem Gesetz zur Modernisierung des Personenbeförderungsrechts und dem Gesetz über die Beschaffung sauberer Straßenfahrzeuge hat der maßgebliche Rechtsrahmen gleichwohl nicht unerhebliche Änderungen erfahren. Der vorliegende Band dokumentiert die Mehrzahl der Vorträge, die bei den am 29. Oktober 2021 von der Forschungsstelle für Verkehrsmarktrecht an der Friedrich-Schiller-Universität Jena veranstalteten 7. Jenaer Gesprächen zum Recht des ÖPNV gehalten wurden, in aktualisierter Fassung. Dank für die finanzielle Unterstützung der Veranstaltung und des Tagungsbandes gilt der Ernst & Young Law GmbH Rechtsanwaltsgesellschaft Steuerberatungsgesellschaft. Für die Unterstützung bei der Herausgabe des Bandes ist den Mitarbeiterinnen und Mitarbeitern meines Lehrstuhls, insbesondere Frau wiss. Mit. Janine Delcuvé und Frau stud. jur. Isabell König, zu danken.

Jena, im Juni 2022   *Prof. Dr. Matthias Knauff, LL.M. Eur.*

Inhalt

PBefG-Novelle – Überblick und Relevanz für den ÖPNV   9
Kirsten Bürger-Faigle

Einordnung der PBefG-Novelle in den verfassungsrechtlichen
Rahmen   31
Dr. Manuel Gleich

Klimaschutz und Nachhaltigkeit im Verkehr als neues Ziel des
PBefG   49
Prof. Dr. Ekkehard Hofmann

Flexible Bedienform und Nahverkehrsplanung   63
Dr. Felix Berschin

Genehmigungsvoraussetzungen und -wirkungen von
Linienbedarfsverkehren   75
Prof. Dr. Andreas Saxinger

Datentransparenz im novellierten PBefG   95
Dr. Sibylle Barth und Marc Widemann

Das Saubere-Fahrzeuge-Beschaffungs-Gesetz – Europarechtliche
Grundlagen und nationale Umsetzung –   119
Prof. Dr. Matthias Knauff, LL.M. Eur.

PBefG-Novelle – Überblick und Relevanz für den ÖPNV

*Kirsten Bürger-Faigle**

A. Einleitende Bemerkungen

Mit dem im August 2021 in Kraft getretenen Gesetz zur Modernisierung des Personenbeförderungsrechts vom 16. April 2021[1] hat die wesentlich durch Aufträge aus dem Koalitionsvertrag von März 2018[2] veranlasste Novelle des Personenbeförderungsgesetzes (PBefG) ihren Abschluss gefunden. Die Novellierung des vielfach als „Grundgesetz der Personenbeförderung" oder „Grundgesetz für den öffentlichen Verkehr" bezeichneten PBefG[3] war eines der wichtigsten verkehrspolitischen Vorhaben der vergangenen 19. Legislaturperiode.

Nach über zwei Jahren intensiver politischer Beratungen innerhalb der „Findungskommission", einem von Bundesverkehrsminister Scheuer im April 2019 eingerichteten überparteilichen Gremium[4], aber auch unmittelbar zwischen den Koalitionspartnern CDU, CSU und SPD sowie koalitionsübergreifend mit Bündnis90/Die Grünen konnte ein fachlich komplexes und rechtlich anspruchsvolles Gesetzgebungsverfahren trotz der zum Teil sehr unterschiedlichen (politischen) Ansätze für die künftige Gestaltung des gewerblichen Personenbeförderungsmarktes und teilweise erheblich widerstreitenden Interessen der betroffenen Branchen erfolgreich beendet werden. Dabei wurden auch die von verschiedenen Interessenvertretern und Sachverständigen vorgetragenen Argumente im politischen

---

* Die Verfasserin ist Leiterin des Referats StV 14 (Gewerblicher Straßenpersonenverkehr) im Bundesministerium für Digitales und Verkehr (BMDV), Bonn.
1 BGBl. I 2021, S. 822 ff.; In Kraft getreten am 1. August 2021 mit Ausnahme der Artikel 4 (Änderung FeV), 5 (Änderung BOKraft) und 5a (Änderung BefBedV), die am 2. August 2021 in Kraft getreten sind, sowie gestuftes Inkrafttreten der Regelungen zu Mobilitätsdaten, siehe hierzu Fn. 81.
2 Koalitionsvertrag zwischen CDU, CSU und SPD, „Ein neuer Aufbruch für Europa, Eine neue Dynamik für Deutschland, Ein neuer Zusammenhalt für unser Land", 19. Legislaturperiode, 12. März 2018; s. hierzu B.
3 Vgl. BT-Plenarprotokoll 19/19216, S. 27248 ff.
4 S. hierzu C. I.

Meinungsbildungs- und Gesetzgebungsprozess sorgfältig geprüft, intensiv diskutiert und vom Gesetzgeber teilweise übernommen[5].

Der mit der Gesetzesänderung verfolgte politische Grundgedanke war dabei, mit der regulären Zulassung von flexiblen, nachfrageorientierten Mobilitätsangeboten mehr Mobilität bei weniger motorisiertem Individualverkehr (MIV) in den Städten und urbanen Ballungsräumen zu schaffen sowie eine bessere Versorgung der Menschen in ländlichen Räumen zu ermöglichen. Zentraler Bestandteil des gefundenen politischen Kompromisses war die Schaffung eines modernen und attraktiven Personenbeförderungsrechts, das Innovationen ermöglicht und zugleich Bewährtes erhält. So bestand der politische Konsens schließlich darin, den ÖPNV als Rückgrat der Mobilität in Deutschland zu stärken, den Taxiverkehr als wichtige Verkehrsdienstleistung zu bewahren, den Rechtsrahmen für neue Mobilitätsmodelle durch die reguläre Zulassung zwei neuer Verkehrsformen mit eigenen Rechtsgrundlagen zu präzisieren und zugleich Maximalforderungen (wie z. B. die Schaffung eines „Einheitsgewerbes" im Gelegenheitsverkehr) eine Absage zu erteilen.

Zum besseren Verständnis der PBefG-Novelle ist ein Rückblick auf die politische Ausgangssituation, die politischen Rahmenbedingungen und auf den Entstehungsprozess hilfreich.

B. Anlass: Aufträge aus dem Koalitionsvertrag von März 2018

Im Koalitionsvertrag von März 2018[6] waren an mehreren Stellen Ziele und Aufgaben für die 19. Legislaturperiode mit Bezug zum gewerblichen Straßenpersonenverkehr formuliert, so in Kapitel II. „Eine neue Dynamik für Deutschland"[7], in Kapitel IV. „Offensive für Bildung, Forschung und Digitalisierung" (Ziffer 5. Digitalisierung)[8], in Kapitel VI. „Erfolgreiche

---

5 Vgl. z. B. Verbändeanhörung im Rahmen des Gesetzgebungsverfahrens; Öffentliche Anhörung im BT-Ausschuss für Verkehr und digitale Infrastruktur zum Gesetzentwurf der Fraktionen der CDU/CSU und SPD „Entwurf eines Gesetzes zur Modernisierung des Personenbeförderungsrechts" (BT-Drs. 19/26175) sowie zum Antrag der Fraktion der FDP „Update für das Personenbeförderungsgesetz – Chancen der Digitalisierung nutzen" (BT-Drs. 19/26186) und dem Antrag der Fraktion DIE LINKE „Keine Schlupflöcher für Uber & Co. – Mietwagen wirksam regulieren" (BT-Drs. 19/26173).
6 Koalitionsvertrag (Fn. 2).
7 Vgl. Koalitionsvertrag (Fn. 2), S. 14 Z. 459 – 461.
8 Vgl. Koalitionsvertrag (Fn. 2), S. 37 Z. 2138 – 2141.

Wirtschaft für den Wohlstand von morgen" (Ziffer 4. Verkehr)[9] und in Kapitel IX. „Lebenswerte Städte, attraktive Regionen und bezahlbares Wohnen" (Ziffer 7. Personenbeförderungsrecht, ÖPNV und Mobilität im ländlichen Raum)[10].

I. Modernisierung des Personenbeförderungsrechts

Der für die PBefG-Novelle maßgebliche Auftrag zur Modernisierung des Personenbeförderungsrechts findet sich, wie die Überschrift vermuten lässt, in Ziffer 7. „Personenbeförderungsrecht, ÖPNV und Mobilität im ländlichen Raum" von Kapitel IX.[11] Hier hatten sich die Koalitionspartner zum Ziel gesetzt, das Personenbeförderungsrecht zu modernisieren und die Rahmenbedingungen für den öffentlichen Verkehr und neue Bedienformen im Bereich geteilter Nutzungen (Ride Pooling) an die sich ändernden Mobilitätsbedürfnisse der Menschen und neue technische Entwicklungen anzupassen. Für die Zulassung neuer plattformbasierte digitaler Mobilitätsangebote sollte eine rechtssichere Grundlage geschaffen werden. Dabei wollten die Koalitionäre auf die Wahrung eines fairen Ausgleichs (level playing field) zwischen den unterschiedlichen Beförderungsformen achten und Kommunen entsprechende Steuerungsmöglichkeiten an die Hand geben. Gute soziale Rahmenbedingungen zum Schutz der Beschäftigten sollten dabei zentrale Voraussetzung sein. Sowohl der Taxi- wie auch der Mietwagenbetrieb sollte zudem von regulatorischen Entlastungen profitieren.[12]

Mit Blick auf die verstärkt im städtischen und suburbanen Raum sowie in ländlichen Regionen unter dem Dach des traditionellen ÖPNV wie auch außerhalb agierenden App-basierten On-Demand-Mobilitätsdienste[13] sollte der politisch als unzureichend empfundene Rechtsrahmen des PBefG an die Praxis angepasst werden.

---

9 Vgl. Koalitionsvertrag (Fn. 2), S. 74 Z. 3483 – 3487.
10 Vgl. Koalitionsvertrag (Fn. 2), S. 121 Z. 5700 – 5709 und 5720 – 5725.
11 S. hierzu D. I. und II.
12 Vgl. Koalitionsvertrag (Fn. 2), S. 121 Z. 5700 – 5709.
13 Z. B. Modelle BerlKönig in Berlin, MOIA in Hamburg und Hannover, CleverShuttle.

II. Klarstellung, dass über die Nahverkehrspläne soziale Standards zum Schutz der Beschäftigten sowie qualitative und ökologische Standards auch für eigenwirtschaftliche Verkehre gelten

Als weitere Aufgabe für die 19. Legislaturperiode mit Relevanz für den ÖPNV hatten sich die Koalitionspartner CDU, CSU und SPD vorgenommen, im PBefG klarzustellen, dass über die Nahverkehrspläne soziale Standards zum Schutz der Beschäftigten sowie qualitative und ökologische Standards auch für eigenwirtschaftliche Verkehre gelten.[14] An den Festlegungen im PBefG für den Vorrang von eigenwirtschaftlichen Verkehren wollten die Koalitionäre festhalten.[15]

Dieses Vorhaben hat sich als besonders schwierig erwiesen. Im Ergebnis des politischen Diskurses konnten die Koalitionsfraktionen des Deutschen Bundestages hierzu keine Einigung erzielen. Auch die von den Verkehrspolitikern der Findungskommission seinerzeit zu Gesprächen aufgeforderten Branchenverbände Bundesverband Deutscher Omnibusunternehmer e. V. (bdo) und Verband Deutscher Verkehrsunternehmer e. V. (VDV) gemeinsam mit der Vereinten Dienstleistungsgewerkschaft ver.di einen konsensfähigen Vorschlag zu erarbeiten, haben sich bei diesem Thema nicht annähern können. Letztlich haben die Koalitionsfraktionen entschieden, den Auftrag aus dem Koalitionsvertrag in der 19. Legislaturperiode nicht weiterzuverfolgen. Aus diesem Grund hat die Findungskommission zu diesem Themenfeld keinen Beschluss gefasst.

Stattdessen hat der Deutsche Bundestag die Bundesregierung mit einer Entschließung aufgefordert, ein gemeinsames Rechtsgutachten von Bundesministerium für Arbeit und Sozialordnung (BMAS) und Bundesministerium für Verkehr und digitale Infrastruktur (BMVI) zur Untersuchung der Regelungen zur Absicherung von Sozialstandards im Mobilitätsgewerbe zu erstellen. Das Gutachten soll insbesondere die neue Verkehrsform „gebündelter Bedarfsverkehr" und die eigenwirtschaftlichen Verkehre im ÖPNV umfassen und nach Fertigstellung dem Deutschen Bundestag zur Unterrichtung und Beratung übermittelt werden.[16] Zum Zeitpunkt des Vortrags lag das Rechtsgutachten des vom federführenden BMAS, unter

---

14 Vgl. Koalitionsvertrag (Fn. 2), S. 121 Z. 5723 – 5725.
15 Vgl. Koalitionsvertrag (Fn. 2), S. 121 Z. 5720 f.
16 BT-Drs. 19/27288, S. 15. So auch zuvor die Verständigung zwischen BMAS und BMVI anlässlich der Kabinettbefassung zum Gesetzentwurf zur Modernisierung des Personenbeförderungsrechts der Bundesregierung am 16.12.2020.

enger Einbindung des BMVI, beauftragten Instituts zur Zukunft der Arbeit (IZA) noch nicht vor.[17]

Auch das im Zusammenhang mit der Diskussion über die verbindliche Vorgabe von Sozialstandards für eigenwirtschaftliche Verkehre im ÖPNV stets präsente Thema „Allgemeine Vorschriften"[18] hat im weiteren Verlauf der PBefG-Novelle insoweit keine Rolle mehr gespielt. Mit diesem Finanzierungsinstrument kann der Aufgabenträger den Verkehrsunternehmen gemeinwirtschaftliche Verpflichtungen, wie z. B. Höchsttarife für die Fahrgäste oder auch Sozialstandards, auferlegen. Die dadurch entstehenden Kostennachteile für den Unternehmer können aber nur begrenzt auf die Vorgabe von Höchsttarifen finanziell kompensiert werden.

Vor diesem Hintergrund haben sich für den traditionellen Linienverkehr des ÖPNV im Zuge der PBefG-Novelle keine spezifischen Änderungen ergeben.

C. Der Weg zur Umsetzung

I. Findungskommission

Mit der Etablierung des anfangs teilweise kritisch kommentierten, aber im Rückblick durchaus als gelungen zu bezeichnenden Formats der Findungskommission im April 2019 war das wichtige Anliegen des BMVI verbunden, ausgehend von dem im Koalitionsvertrag formulierten Auftrag einen breiten überparteilichen Konsens herzustellen, wie das Personenbeförderungsrecht im Hinblick auf die fortschreitende Digitalisierung zu modernisieren ist. Ziel war es, etwaige Wege aufzuzeigen, wie eine Novellierung aussehen könnte, die alle relevanten Belange im Blick hat und widerstreitende Interessen zu einem gleichermaßen sinnvollen wie schonenden Ausgleich bringt.

Wie bedeutsam neben der Identifizierung von konsensfähigen die frühzeitige Klärung von politisch streitbehafteten Punkten im Zusammenhang mit dem personenbeförderungsrechtlichen Regelwerk ist, hat die vorher-

---

17 Die ÖPNV-Perspektive und personenbeförderungsrechtliche Expertise wird von Prof. Dr. Matthias Knauff in den Gutachtenprozess eingebracht.
18 Vgl. Artikel 3 ff. der Verordnung (EG) 1370/2007 des Europäischen Parlaments und des Rates vom 23. Oktober 2007 über öffentliche Personenverkehrsdienste auf Schiene und Straße und zur Aufhebung der Verordnungen (EWG) Nr. 1191/69 und (EWG) Nr. 1107/70 des Rates; s. in diesem Zusammenhang auch BVerwG, Urt. v. 10. Oktober 2019, 10 C 3.19.

gehende PBefG-Novelle 2012 gezeigt.[19] Die seinerzeit erfolgte Novellierung des PBefG zur Anpassung an das EU-Recht[20] und zur Liberalisierung des Fernbuslinienverkehrs war das Ergebnis eines äußerst langwierigen und komplexen Abstimmungsprozesses auf parlamentarischer Ebene, der über zwei Legislaturperioden hinweg sechs Jahre gedauert hat.

Die Erwartungen an die PBefG-Novelle der 19. Legislaturperiode waren erneut vielseitig, zum Teil konträr und von hohem inhaltlichem Anspruch. Erklärtes Ziel aller beteiligten Akteure war es daher, im Wege einer frühzeitigen Abstimmung, insbesondere über eine enge Bund-Länder-Kooperation, einen ausgewogenen Interessenausgleich zu finden und die Gesetzesnovelle noch in der 19. Legislaturperiode zum Abschluss zu bringen. Mit Blick auf die erforderliche Zustimmung des Bundesrates und unter Berücksichtigung der politischen „Farbenlehre" waren in der Findungskommission neben dem Bundesverkehrsminister die Verkehrsminister von Baden-Württemberg (Bündnis90/Die Grünen), Nordrhein-Westfalen (CDU) und Schleswig-Holstein (FDP) sowie die Verkehrsministerin des Saarlandes (SPD) vertreten, außerdem Verkehrsexperten der Koalitionsfraktionen sowie der Vorsitzende (Bündnis90/Die Grünen) und die stellvertretende Vorsitzende (FDP) des Ausschusses für Verkehr und digitale Infrastruktur im Deutschen Bundestag.[21]

Nach mehr als einjährigen, zum Teil schwierigen und kontrovers geführten Beratungen hat die Findungskommission auf ihrer letzten Sitzung am 19. Juni 2020 mit breiter Mehrheit einen politischen Kompromiss mit 11 Eckpunkten zur Modernisierung des Personenbeförderungsrechts beschlossen, „die das PBefG auf den Stand der Zeit bringen" sollen. Kernpunkte waren die politischen Vorgaben zur Einordnung bedarfsgesteuerter Pooling-Dienste des ÖPNV als Linienverkehr[22] und zur Genehmigungsfä-

---

19 Gesetz zur Änderung personenbeförderungsrechtlicher Vorschriften vom 14. Dezember 2012 (BGBl. I S. 2598).
20 Verordnung (EG) Nr. 1370/2007 des Europäischen Parlaments und des Rates vom 23. Oktober 2007 über öffentliche Personenverkehrsdienste auf Schiene und Straße und zur Aufhebung der Verordnungen (EWG) Nr. 1191/69 und (EWG) Nr. 1107/70 des Rates.
21 Die politische Arbeit der Findungskommission wurde von einer Facharbeitsgruppe unter Leitung der seinerzeit im BMDV für „Digitale Gesellschaft" und „Straßenverkehr" zuständigen Abteilungsleiter begleitet und unterstützt.
22 Modernisierung des Personenbeförderungsrechts, Eckpunkte der PBefG-Findungskommission für eine zukunftsorientierte Novellierung des Personenbeförderungsgesetzes zur Ermöglichung digitalbasierter Geschäftsmodelle (Eckpunktepapier) vom 19. Juni 2020, Ziffer 2.

higkeit von Pooling-Diensten außerhalb des ÖPNV[23]. Weitere Vorgaben betrafen u. a. die eindeutige Regelung der genehmigungsfreien Mitnahme[24], Modifizierungen des Taxiverkehrs[25] und des Mietwagenverkehrs[26], die verpflichtende Bereitstellung von Mobilitätsdaten[27], Regelungen zur Barrierefreiheit[28], das neue Schutzziel der „Umweltverträglichkeit" zur Stärkung des Klimaschutzes[29] und die Klarstellung der Genehmigungspflicht für Beförderer, die die Beförderungsdienstleistung auch (digital) vermitteln[30].

Den auf Grundlage dieser politischen Richtschnur des Eckpunktepapiers vom 19. Juni 2020 durch das BMVI erarbeiteten „Entwurf eines Gesetzes zur Modernisierung des Personenbeförderungsrechts" hat das Bundeskabinett am 16. Dezember 2020 beschlossen und in den Deutschen Bundestag eingebracht.[31]

II. Gesetzgebungsverfahren

Aus Gründen der Verfahrensbeschleunigung haben die Bundestagsfraktionen von CDU/CSU und SPD im Januar 2021 einen wortgleichen Gesetzentwurf zur Modernisierung des Personenbeförderungsrechts in den Deutschen Bundestag eingebracht.[32] Nach einem intensiven Abstimmungsprozess innerhalb der Koalitionsfraktionen, mit den Ländern und koalitionsübergreifend mit Bündnis90/Die Grünen hat der Bundestag diesen in geänderter Fassung am 5. März 2021 mehrheitlich angenommen.[33] Der Bundesrat hat am 26. März 2021 zugestimmt.[34]

---

23 Eckpunktepapier (Fn 22), Ziffer 3.
24 Eckpunktepapier (Fn. 22), Ziffer 1.
25 Eckpunktepapier (Fn. 22), Ziffer 4.
26 Eckpunktepapier (Fn. 22), Ziffer 5.
27 Eckpunktepapier (Fn. 22), Ziffer 8.
28 Eckpunktepapier (Fn. 22), Ziffer 9.
29 Eckpunktepapier (Fn. 22), Ziffer 10.
30 Eckpunktepapier (Fn. 22), Ziffer 11.
31 BT-Drs. 19/26819, Stellungnahme des Bundesrates BR-Drs 28/21 (Beschluss), Gegenäußerung der Bundesregierung BT-Drs. 19/26963; siehe zum Beratungsverlauf BT-Drs. 19/27288.
32 BT-Drs. 19/26175.
33 Annahme des Gesetzentwurfs mit Zustimmung von CDU/CSU, SPD und Bündnis90/Die Grünen, Plenarprotokoll 19/216, S. 27262 (A); Regierungsentwurf wurde einstimmig für erledigt erklärt, Plenarprotokoll 19/216, S. 27262 (B).
34 BR-Drs. 200/21 (Beschluss).

1. Wesentliche Änderungen im parlamentarischen Verfahren (Bundesrat)

Im Gesetz zur Modernisierung des Personenbeförderungsrechts sind wesentliche Anliegen des Bundesrates aus dem Gesetzgebungsverfahren aufgegriffen worden. Dies betrifft u. a.

- die Einfügung einer Definition der Vermittlung[35] und der Systematik des PBefG folgend des Begriffs des „Vermittlers"[36];
- die Änderung des im Eckpunktepapier und im Gesetzentwurf verwendeten Begriffs der neuen gesetzlichen Zielbestimmung von „Umweltverträglichkeit" in „Klimaschutz und Nachhaltigkeit", um den bereits durch andere Fachgesetze inhaltlich belegten Rechtsbegriff „Umweltverträglichkeit" zu korrigieren[37];
- die Einführung neuer Gründe zur Versagung der Genehmigung bei Nichterfüllung der fahrzeugtechnischen Anforderungen beim Einsatz von emissionsfreien Fahrzeugen im Taxi-, Mietwagen- und gebündelten Bedarfsverkehr[38] sowie beim Einsatz von barrierefreien Fahrzeugen im Taxi- und gebündelten Bedarfsverkehr[39];
- die Erweiterung der im „Linienbedarfsverkehr"[40] möglichen Zuschläge auf das Tarifentgelt.[41] Die nach Maßgabe des Eckpunktepapiers zur Integration der neuen Verkehrsform ins ÖPNV-Tarifsystem[42] im Gesetzentwurf gewählte Formulierung „höchstens ein pauschaler Zuschlag je Fahrt" schränkte nach mehrheitlicher Auffassung der Länder die Tarifierungsmöglichkeiten der Aufgabenträger unnötig zu sehr ein. Die Aufgabenträger sollten mehr Flexibilität zur Tarifgestaltung, je nach Anwendungsfall z. B. pauschaler Aufschlag, dynamische Gestaltung oder separater Tarif (unterschiedliche Auslastungssituation, Verhinderung Konkurrenz zum traditionellen ÖPNV u. a.) erhalten; und

---

35 § 1 Abs. 3 PBefG.
36 § 2 Abs. 1b PBefG. Der „Vermittler" unterliegt (wie der „Unternehmer") dem sachlichen Anwendungsbereich des PBefG, für ihn beschränken sich aber die Pflichten nach dem PBefG derzeit auf die Bereitstellung von Mobilitätsdaten nach § 3a PBefG. Er muss nicht im Besitz einer Genehmigung sein (§ 2 Abs. 1b PBefG).
37 § 1a PBefG.
38 § 13 Abs. 5b Satz 1 i. V. m. § 64 b PBefG.
39 § 13 Abs. 5b Satz 2 i. V. m. § 64c PBefG.
40 S. hierzu D. I. 1.
41 § 44 Satz 3 PBefG.
42 „[E]in pauschaler Komfortzuschlag darf erhoben werden", Eckpunktepapier (Fn. 22), Ziffer 2.

- die klarstellende Anpassung der Verordnung über die Allgemeinen Beförderungsbedingungen für den Straßenbahn- und Obusverkehr sowie den Linienverkehr mit Kraftfahrzeugen (BefBedV) an die Möglichkeiten des bargeldlosen Bezahlens im ÖPNV.[43]

2. Wesentliche Änderungen im parlamentarischen Verfahren (Bundestag)

Weitere Änderungswünsche, u. a. von Bündnis90/Die Grünen, wurden nach intensiven politischen Abstimmungsgesprächen mit den Koalitionsfraktionen in das Gesetz aufgenommen:

- Mit Einführung der sogenannten „Escape-Klausel" wurden die Eingriffsbefugnisse der Genehmigungsbehörden für den Gelegenheitsverkehr mit Mietwagen ergänzt.[44] In Großstädten können die Behörden die in ihrem Bezirk geltenden Regelungen für den „gebündelten Bedarfsverkehr"[45] zum Schutz der öffentlichen Verkehrsinteressen auch auf den Mietwagenverkehr anwenden. Voraussetzung hierfür ist, dass der per App vermittelte Verkehr mit Mietwagen einen Marktanteil von 25 % am Fahrtaufkommen im Gelegenheitsverkehr mit Taxen, Mietwagen und gebündeltem Bedarfsverkehr überschreitet. Die politische Idee für diesen Regelungsansatz war, die befürchtete „Flucht in den Mietwagen" durch die Mobilitätsanbieter wegen des im Vergleich zum Mietwagenverkehr höheren Regulierungsniveaus beim „gebündelten Bedarfsverkehr" zu vermeiden. Die Gefahr eines Verdrängungswettbewerbs mit der Folge einer Beeinträchtigung der öffentlichen Verkehrsinteressen wurde in Städten mit mehr als 100.000 Einwohnern politisch als besonders hoch eingeschätzt.
- Die Genehmigungsbehörden wurden mit einer Anpassung von § 51a Abs. 1 ermächtigt, für den Mietwagenverkehr tarifbezogene Regelungen, insbesondere zu Mindestbeförderungsentgelten, festzulegen („Anti Dumping-Regelung").
- Die Vorgaben zu Sozialstandards, die die Genehmigungsbehörden zum Schutz der öffentlichen Verkehrsinteressen für den „gebündelten Be-

---

43 § 7 Abs. 4 BefBedV.
44 § 49 Abs. 4 Satz 7 PBefG.
45 S. hierzu D. I. 2.

darfsverkehr" festlegen können, wurden konkretisiert (z. B. Regelungen zu Arbeitszeiten, Entlohnung und Pausen).[46]

Mit der Aufnahme der unter 1. und 2. genannten Änderungen in den Gesetzentwurf war dem Bundesrat die Zustimmung am 26. März 2021 möglich. Dadurch konnte ein Vermittlungsverfahren mit ungewissem Ausgang vermieden und die Novellierung des PBefG wie vorgesehen in der 19. Legislaturperiode zum Abschluss gebracht werden.[47]

D. Kernpunkte der Novelle

Im Folgenden wird auf die Kernpunkte der PBefG-Novelle und die konkreten Ausgestaltungen eingegangen, die im Lichte der beschriebenen politischen Rahmenbedingungen (Auftrag aus dem Koalitionsvertrag, politische Kompromissfindung im Eckpunktepapier der Findungskommission und politische Verständigung im parlamentarischen Verfahren) zu sehen und zu bewerten sind.

I. Einführung zwei neuer Verkehrsformen[48]

Kernelement der Gesetzesnovelle ist die Einführung von zwei neuen Verkehrsformen in das PBefG, die mit jeweils eigener Rechtsgrundlage und Definition ausgestattet sind: der ÖPNV-integrierte „Linienbedarfsverkehr" als neue Form des Linienverkehrs[49] und der „gebündelte Bedarfsverkehr" außerhalb des ÖPNV[50] als neue Gelegenheitsverkehrsform mit Pkw. Vor der Gesetzesänderung wurden diese „Pooling-Dienste" wegen des Typen-

---

46 § 50 Abs. 4 Satz 3 PBefG. Das Eckpunktepapier sah vor, dass die Kommunen Vorgaben für Pooling-Dienste außerhalb des ÖPNV machen können, die Sozialstandards aber nicht konkret benannt werden, vgl. Eckpunktepapier (Fn. 22), Ziffer 3.4.
47 Veröffentlichung „Gesetz zur Modernisierung des Personenbeförderungsrechts" vom 16. April 2021 im Bundesgesetzblatt am 27. April 2021 (BGBl. I 2021, S. 822 ff.); In Kraft getreten am 1. August 2021 mit Ausnahme der Artikel 4 (Änderung FeV), 5 (Änderung BOKraft) und 5a (Änderung BefBedV), die am 2. August 2021 in Kraft getreten sind, sowie gestaffeltes Inkrafttreten der Regelungen zu Mobilitätsdaten, siehe hierzu Fn. 81.
48 S. hierzu auch *Berschin*, in diesem Band, S. 63 ff.
49 § 44 PBefG.
50 § 50 PBefG.

zwangs im PBefG mangels eigener Rechtsgrundlagen als atypischer Verkehr entweder auf Basis der Experimentierklausel zeitlich befristet[51] oder auf Grundlage der „Ähnlichkeitsregelung"[52] genehmigt, z. B. als mietwagenverkehrsähnlich oder als linienverkehrsähnlich.[53]

Mit der regulären Zulassung der beiden neuen Verkehrsformen verbindet der Gesetzgeber die Erwartung, dass dies die Rechtsanwendung für die Genehmigungsbehörden vereinfacht, die Mobilitätsanbieter Rechts- und Planungssicherheit für längerfristige Geschäftsmodelle erhalten und sich für die Fahrgäste ein differenzierteres Mobilitätsangebot als attraktive Alternative zum MIV etabliert.

1. ÖPNV-integrierter Linienbedarfsverkehr (§ 44 PBefG)[54]

Von besonderer Bedeutung und Praxisrelevanz für den traditionellen ÖPNV wird die neue Verkehrsform des ÖPNV-integrierten Linienbedarfsverkehrs sein. Die kommunalen Aufgabenträger können im Rahmen ihrer planerischen Gestaltungsfreiheit künftig Linienbedarfsverkehre (mit Kraftomnibussen und Pkw) in Kombination mit dem klassischen lokalen ÖPNV-Angebot bestellen und finanzieren.

Der Rechtsgrundlage des § 44 Satz 1 PBefG sind folgende Definitionsmerkmale zu entnehmen: „Linienbedarfsverkehr" ist Linienverkehr gemäß § 42 PBefG, der öffentlicher Personennahverkehr gemäß § 8 Abs. 1 PBefG ist, und der der Beförderung von Fahrgästen auf vorherige Bestellung ohne festen Linienweg zwischen bestimmten Einstiegs- und Ausstiegspunkten innerhalb eines festgelegten Gebietes und festgelegter Bedienzeiten dient. Es kommen ausschließlich Beförderungsentgelte und -bedingungen im Rahmen der Vorgaben des Aufgabenträgers im Nahverkehrsplan, im öffentlichen Dienstleistungsauftrag oder der Vorabbekanntmachung zur Anwendung (§ 44 Satz 2 PBefG). Für Beförderungen im Linienbedarfsverkehr können Zuschläge nur nach Maßgabe der zuvor genannten Festlegungen des Aufgabenträgers erhoben werden (§ 44 Satz 3 PBefG).

---

51 § 2 Abs. 7 PBefG.
52 § 2 Abs. 6 PBefG.
53 Vgl. z. B. Geschäftsmodelle innerhalb des ÖPNV: BerlKönig (BVG & ViaVan) in Berlin, IsarTiger (MVG & Door2Door) in München oder freYfahrt (Stadt Freyung & Door2Door) in Freyung; Geschäftsmodelle außerhalb des ÖPNV: MOIA in Hamburg und Hannover, CleverShuttle, Ioki.
54 S. hierzu auch *Saxinger*, in diesem Band, S. 75 ff.

Mit der Einordnung als Linienverkehr im ÖPNV ist der Linienbedarfsverkehr als Bestandteil der staatlichen Aufgabe zur Daseinsvorsorge zu sehen, der Bevölkerung Verkehrsleistungen im ÖPNV als Grundversorgung zur Verfügung zu stellen. In diesem Zusammenhang trifft ihn das Pflichtenprogramm des PBefG: die Betriebs- und Beförderungspflicht sowie die Tarifpflicht. Diesem Pflichten-Dreiklang steht für Beförderungen mit Fahrzeugen des Linienbedarfsverkehrs der ermäßigte Umsatzsteuersatz von 7 % gegenüber. Die im Nahverkehrsplan zu berücksichtigenden Belange der in ihrer Mobilität oder sensorisch eingeschränkten Menschen mit dem Ziel, für die Nutzung des ÖPNV bis zum 1. Januar 2022 eine vollständige Barrierefreiheit zu erreichen (§ 8 Abs. 3 Satz 3 PBefG), gilt auch für den Linienbedarfsverkehr. Für diese erst kürzlich eingeführte Verkehrsform ist insoweit die Übergangsbestimmung von § 62 Abs. 2 PBefG von besonderer Bedeutung, mit der die Länder unter bestimmten Voraussetzungen den in § 8 Abs. 3 Satz 3 genannten Zeitpunkt abweichend festlegen oder Ausnahmetatbestände zur Rechtfertigung einer Einschränkung der Barrierefreiheit bestimmen können. Die Zuordnung zum ÖPNV hat für den Linienbedarfsverkehr zudem die Geltung von § 228 SGB IX zur unentgeltlichen Beförderung von schwerbehinderten Menschen zum Ausgleich von Fahrgeldausfällen zur Folge.

Mit der regulären Zulassung des ÖPNV-integrierten Linienbedarfsverkehrs im PBefG wird ein neuer Verkehrstyp anerkannt und die Bedeutung des ÖPNV als Garant für eine nachhaltige, preisgünstige und sichere Mobilität in der Stadt und auf dem Land insgesamt gestärkt.

2. Gebündelter Bedarfsverkehr außerhalb des ÖPNV (§ 50 PBefG)

Die neue Gelegenheitsverkehrsform „gebündelter Bedarfsverkehr" ist – im Gegensatz zum Linienbedarfsverkehr – ein marktbezogener, kommerziell geprägter Beförderungstyp, der nicht der Betriebs-, Beförderungs- und Tarifpflicht des PBefG unterliegt. Anders als beim Mietwagenverkehr, bei dem der Pkw nur im Ganzen für die Personenbeförderung gemietet werden kann und mit dem der Unternehmer Fahrten ausführt, deren Zweck, Ziel und Ablauf der Mieter bestimmt[55], ist beim gebündelten Bedarfsverkehr die Einzelsitzplatzvermietung – der Regelfall im PBefG – möglich, um Fahrtanfragen verschiedener Fahrgäste entlang ähnlicher Wegstrecken zu bündeln. § 50 Abs. 1 Satz 1 PBefG definiert daher diese neue Verkehrs-

---

55 Vgl. § 49 Abs. 3 Satz 1 PBefG.

form als Beförderung von Personen mit Pkw, bei der mehrere Beförderungsaufträge entlang ähnlicher Wegstrecken gebündelt ausgeführt werden. Gebündelter Bedarfsverkehr darf grundsätzlich nur innerhalb der Gemeinde, in der der Unternehmer seinen Betriebssitz hat, erbracht werden.[56] Aufträge dürfen dabei ausschließlich auf vorherige Bestellung ausgeführt werden (Bestellmarkt); der Wink- und Wartemarkt bleibt weiter dem Taxiverkehr vorbehalten. Zum Schutz bzw. zur Berücksichtigung der öffentlichen Verkehrsinteressen unterliegt der gebündelte Bedarfsverkehr einem im Vergleich zum Mietwagenverkehr höheren Regelungsniveau.[57]

II. Steuerungsinstrumente für Kommunen[58]

Nach Maßgabe des Koalitionsvertrags von März 2018 und den Vorstellungen der Findungskommission sollten die Kommunen auch zum Schutz des ÖPNV eine zentrale Rolle bei der Steuerung der Verkehrsdienste vor Ort, insbesondere bei Pooling-Diensten außerhalb des ÖPNV und beim Mietwagenverkehr, erhalten. Politisch nicht gewollt war eine Top-Down-Regulierung des Bundes für die lokalen Verkehre. Für die verfassungskonforme Umsetzung dieser Vorgabe unter Beachtung des Durchgriffsverbots gemäß Artikel 84 Abs. 1 Satz 7 GG[59] hatte die Fachebene des BMVI seinerzeit empfohlen, rechtstechnisch den Weg einer Ermächtigung der Länder zum Erlass entsprechender Rechtsverordnungen mit der Möglichkeit der Subdelegation der Ermächtigung an die Kommunen zu gehen – wie dies in der Regelungssystematik des PBefG schon angelegt ist (§ 45a Abs. 2, § 47 Abs. 3, § 51 Abs. 1 PBefG). Dieser Empfehlung ist die Politik aus Sorge, die Länder könnten von der Möglichkeit der Subdelegation keinen oder nur unzureichenden Gebrauch machen, nicht gefolgt. Aus diesem Grund sind die Steuerungskompetenzen und -instrumente, die der Wahrung oder Herstellung des „level playing fields" zwischen den unterschiedlichen Verkehrsformen dienen sollen, im novellierten PBefG ganz überwiegend den Genehmigungsbehörden zugewiesen worden.[60] Diese sind zahlreich und

---

56 § 50 Abs. 2 Satz 1 PBefG, Ausnahme in § 50 Abs. 2 Satz 3 PBefG.
57 S. hierzu D. II.
58 S. hierzu auch *Gleich*, in diesem Band, S. 31 ff.
59 Artikel 84 Abs. 4 Satz 7 GG: „Durch Bundesgesetz dürfen Gemeinden und Gemeindeverbänden Aufgaben nicht übertragen werden."
60 Der Bundesrat hat die den Genehmigungsbehörden zugewiesenen Steuerungskompetenzen im Gesetzgebungsverfahren nicht thematisiert.

vielfältig, für die Genehmigungsbehörde teils verpflichtend, teils in ihr Ermessen gestellt.

Die weitreichendsten Steuerungsbefugnisse hat die Genehmigungsbehörde zur Reglementierung des gebündelten Bedarfsverkehrs. So gilt für ihn zwar grundsätzlich keine Rückkehrpflicht, aber die Genehmigungsbehörde kann die Pflicht zur Rückkehr an den Betriebssitz oder zu anderen geeigneten Abstellorten auferlegen oder die Beförderung von Personen im gebündelten Bedarfsverkehr räumlich oder zeitlich beschränken, soweit öffentliche Verkehrsinteressen dies erfordern.[61] Außerdem kann die Genehmigungsbehörde zum Schutz der öffentlichen Verkehrsinteressen für den gebündelten Bedarfsverkehr optional Regelungen treffen über Vorgaben zur Barrierefreiheit[62], zu Emissionsstandards von Fahrzeugen und den Einsatz lokal emissionsfreier Fahrzeuge[63] und Vorgaben zu Sozialstandards wie beispielsweise Arbeitszeiten, Pausen und Entlohnung[64] festlegen. Außerhalb des Stadt- und Vorortverkehrs kann die Genehmigungsbehörde eine zu erreichende Bündelungsquote (sog. „Pooling-Quote") festlegen.[65] Im Stadt- und Vorortverkehr muss sie im Einvernehmen mit dem Aufgabenträger eine Bündelungsquote verpflichtend festlegen und zur Feststellung ihrer Auswirkungen auf die öffentlichen Verkehrsinteressen und auf Klimaschutz und Nachhaltigkeit ein Monitoring durchführen.[66]. Hinsichtlich der Beförderungsentgelte im gebündelten Bedarfsverkehr muss die Genehmigungsbehörde nach Anhörung des Aufgabenträgers und weiterer Akteure Regelungen über Mindestbeförderungsentgelte vorsehen, die einen hinreichenden Abstand zu den Beförderungsentgelten des jeweiligen ÖPNV sicherstellen.[67] Die Festlegung von Höchstbeförderungsentgelten steht demgegenüber im Ermessen der Genehmigungsbehörde.[68]

Die Steuerungsmöglichkeiten der Genehmigungsbehörde im Mietwagenverkehr sind im Vergleich zur Regulierungsdichte beim gebündelten Bedarfsverkehr eher überschaubar. Von der grundsätzlich weiter bestehenden Rückkehrpflicht für auftragslose Mietwagen kann sie für Gemeinden mit großer Flächenausdehnung künftig unter bestimmten Voraussetzungen Ausnahmen vorsehen und die Pflicht zur Rückkehr an andere Abstell-

---

61 § 50 Abs. 1 Satz 3, Abs. 2 Satz 2 PBefG.
62 §§ 50 Abs. 4 Satz 1 und 2 Nr. 4, 64c PBefG.
63 §§ 50 Abs. 4 Satz 1 und 2 Nr. 5, 64b PBefG.
64 § 50 Abs. 4 Satz 3 PBefG.
65 § 50 Abs. 4 Satz 2 Nr. 3 PBefG.
66 § 50 Abs. 3 Satz 1 PBefG.
67 § 51a Abs. 2 Satz 1 und Abs. 3 PBefG.
68 § 51a Abs. 2 Satz 2 Nr. 1 PBefG.

orte als den Betriebssitz festlegen.⁶⁹ Mit der bereits erwähnten „Escape-Klausel" kann die Genehmigungsbehörde in Großstädten gleichsam als Sicherungsmaßnahme zur Unterbindung der „Flucht in den Mietwagen" die lokal geltenden Regelungen für den gebündelten Bedarfsverkehr auch auf Mietwagenverkehre anwenden unter der Voraussetzung, dass der App-basierte Mietwagenverkehr mehr als 25 % Marktanteil am Verkehr mit Taxen, Mietwagen und gebündeltem Bedarfsverkehr hat.⁷⁰

Bei der Entscheidung über einen Antrag auf Erteilung der Genehmigung für einen gebündelten Bedarfsverkehr kann die Genehmigungsbehörde außerdem dadurch verkehrslenkend wirken, dass sie den Antrag auf Basis eines der neu eingeführten Versagungsgründe ablehnt, z. B. wenn durch die Ausübung des beantragten Verkehrs die Verkehrseffizienz im beantragten Bediengebiet nicht mehr sichergestellt ist und dadurch die öffentlichen Verkehrsinteressen beeinträchtigt werden.⁷¹ Bei dieser Entscheidung hat sie die Festsetzung der zulässigen Höchstzahl der genehmigungsfähigen Fahrzeuge der zuständigen Behörde und die Anzahl der bereits genehmigten Fahrzeuge im gebündelten Bedarfsverkehr zu berücksichtigen. Die Genehmigungsbehörde kann also unter diesen Voraussetzungen den gebündelten Bedarfsverkehr mengenmäßig beschränken bzw. kontingentieren. In diesem Zusammenhang versteht der Gesetzgeber unter dem neuen unbestimmten Rechtsbegriff der „Verkehrseffizienz", dass die bereits vorhandenen gebündelten Bedarfsverkehre Verkehrsaufgaben bereits wahrnehmen, mit dem beantragten neuen gebündelten Bedarfsverkehr keine wesentliche Verbesserung verbunden ist und durch seine Zulassung das ausgewogene Nebeneinander aller bereits bestehenden Verkehrsformen im Bediengebiet beeinträchtigt sein könnte.⁷²

Weitere neue Gründe, die zur Versagung der Genehmigung führen können und insoweit auch Lenkungswirkung für die lokale Verkehrsgestaltung haben, betreffen fahrzeugtechnische Anforderungen an beantragte Fahrzeuge, wenn die Emissionsvorgaben im Sinne von § 64b PBefG (Taxen-, Mietwagen- und gebündelter Bedarfsverkehr)⁷³ oder die Vorgaben zur Barrierefreiheit im Sinne von § 64c PBefG (Taxen- und gebündelter Bedarfsverkehr)⁷⁴ nicht erfüllt werden.

---

69   § 49 Abs. 5 PBefG.
70   § 49 Abs. 4 Satz 7 PBefG.
71   § 13 Abs. 5a PBefG.
72   Vgl. BT-Drs. 19/26175, S. 43 f.
73   § 13 Abs. 5b Satz 1 PBefG.
74   § 13 Abs. 5b Satz 2 PBefG.

Mit den geschilderten Steuerungsinstrumenten wird für die Genehmigungsbehörden der Handlungsspielraum vor Ort für eine nachhaltige und effiziente Verkehrsgestaltung vergrößert. Zugleich fällt ihnen dadurch eine große Aufgabe und Verantwortung zu. Die Steuerungskompetenzen kommen regelmäßig nur im Einzelfall bei Erteilung einer Genehmigung als Auflage oder Nebenbestimmung oder bei Versagung eines entsprechenden Antrags auf Erteilung einer Genehmigung für die beantragte Verkehrsform zum Tragen.

III. Ziele des Klimaschutzes und der Nachhaltigkeit[75]

Mit Einführung von § 1a PBefG sind künftig bei der Anwendung des Gesetzes die Ziele des Klimaschutzes und der Nachhaltigkeit zu berücksichtigen. Die Änderung geht auf die politische Maßgabe im Eckpunktepapier der Findungskommission vom 19. Juni 2020 zurück, wonach zur Stärkung des Klimaschutzes das Schutzziel der „Umweltverträglichkeit" im PBefG verankert werden sollte.[76] Diese Zielsetzung gilt für alle Verkehrsarten und -formen des PBefG und trägt dem Bestreben, den Klimaschutz insbesondere im Verkehrsbereich zu stärken, nun auch im Personenbeförderungsrecht Rechnung. Schon nach vor der Gesetzesnovelle geltender Rechtslage waren die Aufgabenträger aufgefordert, neben Umfang und Qualität des Verkehrsangebots dessen Umweltqualität in einem Nahverkehrsplan zu definieren.[77] Mit der neuen klimapolitische Zielbestimmung sollen die beteiligten Akteure (kommunale Aufgabenträger, Genehmigungsbehörden, Länder) stärker für eine nachhaltige und umweltorientierte Personenbeförderung im Geltungsbereich des PBefG sensibilisiert werden.

Eine korrespondierende Änderung hierzu gab es in § 8 PBefG. So obliegt den Aufgabenträgern nicht mehr nur die Sicherstellung einer ausreichenden Bedienung der Bevölkerung mit Verkehrsleistungen im ÖPNV, sondern diese muss auch den Grundsätzen des Klimaschutzes und der

---

75 S. hierzu auch *Hofmann*, in diesem Band, S. 49 ff.
76 Eckpunktepapier (Fn. 22), Ziffer 10; seit 01.01.2020 können die Länder im Landesrecht im Bereich des Taxen- und Mietwagenverkehrs Vorschriften in Bezug auf die Fahrzeugemissionen regeln (§ 64b PBefG). Im Zuge der PBefG-Novelle ist § 64b PBefG auf den Betrieb gebündelten Bedarfsverkehrs erweitert worden. Zur Änderung des Begriffs „Umweltverträglichkeit" in „Klimaschutz und Nachhaltigkeit" siehe C. II. 1.
77 § 8 Abs. 3 Satz 2 PBefG.

Nachhaltigkeit entsprechen.[78] Bei der Mitwirkung der Genehmigungsbehörde an der Erfüllung der dem Aufgabenträger hiernach obliegenden Aufgabe hat diese nicht mehr nur das Interesse an einer wirtschaftlichen, sondern künftig auch an einer den Klimaschutz und die Nachhaltigkeit sowie die Gleichwertigkeit der Lebensverhältnisse berücksichtigenden Verkehrsgestaltung zu beachten.[79] Diese Änderungen betreffen die Verkehrsleistungen im ÖPNV gemäß § 8 Abs. 1 Satz 1 PBefG, nicht den Gelegenheitsverkehr.

IV. Bereitstellung von Mobilitätsdaten[80]

Mit dem Gesetz zur Modernisierung des Personenbeförderungsrechts vom 16. April 2021 wurden die §§ 3a bis c PBefG neu eingefügt und ein rechtlicher Rahmen zur Verfügbarmachung von statischen und dynamischen Daten, die bei Ausführung von Personenbeförderungsdienstleistungen entstehen, geschaffen.[81] Mit der verpflichtenden Bereitstellung von Mobilitätsdaten wurde eine weitere Maßgabe der Findungskommission[82] umgesetzt, um eine effiziente, sichere und klimaschützende Mobilität und die effektivere Kontrolle der Vorgaben des PBefG (z. B. Einhaltung der Rückkehrpflicht) sowie die Bereitstellung multimodaler Reiseinformationsdienste zu ermöglichen. Die Nutzung der Mobilitätsdaten durch Länder und Kommunen soll zudem einem effizienteren und klimafreundlicheren Verkehr dienen, z. B. durch das Ergreifen von geeigneten Verkehrslenkungsmaßnahmen. Der Zugriff auf die Mobilitätsdaten erfolgt für die in § 3b PBefG vorgesehenen Verwender nicht unmittelbar über die Kommunen, sondern nur auf Anfrage über den Nationalen Zugangspunkt.[83]

Die Bereitstellungspflicht gemäß § 3a PBefG gilt für personenbefördernde Unternehmer[84] und die Vermittler von Personenbeförderungen[85]. Ein-

---

78 § 8 Abs. 3 Satz 1 PBefG.
79 § 8 Abs. 3a Satz 1 PBefG.
80 S. hierzu auch *Barth/Widemann*, in diesem Band, S. 95 ff.
81 Gestuftes Inkrafttreten der Bereitstellungspflichten: Für statische Daten im Linienverkehr zum 1. September 2021; für statische Daten im Gelegenheitsverkehr und statische Daten, die Zugangsknoten wie Bahnhöfe und Haltestellen betreffen, zum 1. Januar 2022 sowie für alle dynamischen Daten zum 1. Juli 2022.
82 Eckpunktepapier (Fn. 22), Ziffer 8.
83 § 3b PBefG, siehe auch https://www.bmvi.de/SharedDocs/DE/Artikel/DG/datenbereitstellung-nach-dem-pbefg.html.
84 § 1 Abs. 1 und Abs. 1a, § 2 Abs. 1 PBefG.
85 § 1 Abs. 3, § 2 Abs. 1b PBefG.

zelunternehmer ohne eigene Mitarbeiter oder Solo-Selbständige sind nicht zur Datenbereitstellung verpflichtet. Sie können die Daten allerdings freiwillig bereitstellen.[86] Die Bereitstellungspflicht findet keine Anwendung auf Sonderformen des Linienverkehrs, wie z.B. Berufs-, Schüler- und Theaterfahrten, sowie auf Ausflugsfahrten und Ferienzielreisen.[87] Dies gilt auch für Ausflugsfahrten mit angemieteten Bussen, Chauffeursfahrten mit angemieteten Limousinen oder Patiententransporte mit Taxen außerhalb des Taxitarifs.[88]

Die nähere Ausgestaltung der Datenbereitstellungspflicht, insbesondere im Hinblick auf die zu verwendenden Datenformate, erfolgt über die Mobilitätsdatenverordnung vom 20. Oktober 2021.[89]

V. Weitere Änderungen

Zur Vervollständigung des Überblicks über die PBefG-Novelle sollen die nachfolgend aufgeführten Änderungen des Personenbeförderungsrechts nicht unerwähnt bleiben:

- Bundeseinheitliche und eindeutige Festlegung der genehmigungsfreien Personenbeförderung mit Pkw durch dynamischen Verweis auf Pauschalbetrag im Bundesreisekostengesetz (30 Cent aktuell)[90],
- Klarstellung, wer Beförderer im Sinne des PBefG ist und damit eine Genehmigung benötigt[91] und wer solche Beförderungen nur vermittelt und daher keine Genehmigung braucht[92],
- Verlängerung der Experimentierklausel um ein Jahr von bisher vier auf künftig fünf Jahre[93],
- Ermöglichung von Tarifkorridoren im Taxiverkehr mit Mindest- und Höchstpreisen sowie Festpreise für bestimmte Wegstrecken[94],

---

86 § 3a Abs. 3 PBefG.
87 Vgl. § 3a Abs. 1 PBefG.
88 Hierüber hat BMDV die Verkehrsministerien der Länder informiert, eine entsprechende Anpassung von § 3a Abs. 1 PBefG soll zu gegebener Zeit erfolgen.
89 Veröffentlichung im BGBl. am 26. Oktober 2021, In Kraft getreten am 27. Oktober 2021.
90 § 1 Abs. 2 Nr. 1b PBefG, Eckpunktepapier (Fn. 22), Ziffer 1.
91 § 1 Abs. 1a PBefG; Eckpunktepapier (Fn. 22), Ziffer 11.
92 § 1 Abs. 3, § 2 Abs. 1b PBefG.
93 § 2 Abs. 7 PBefG.
94 § 51 Abs. 1 Satz 2 Nr. 1 und Satz 3 PBefG; Eckpunktepapier (Fn. 22), Ziffer 4.

- Einführung des Ziels der möglichst weitgehenden Barrierefreiheit auch für Taxiverkehr und gebündelten Bedarfsverkehr[95],
- Wegfall der Ortskundeprüfung für Taxifahrer[96], Einführung einer Ausrüstungspflicht von Taxen mit Navigationsgeräten[97],
- Einführung eines „Kleinen Fachkundenachweises" für Fahrpersonal im Taxi-, Mietwagen- und gebündelten Bedarfsverkehr zur Erlangung der Fahrerlaubnis zur Fahrgastbeförderung[98].

E. Relevanz für den ÖPNV

Mit der Novellierung des PBefG haben sich in vielerlei Hinsicht Änderungen ergeben, die Praxisrelevanz für den ÖPNV haben. Dies gilt vornehmlich für die reguläre Zulassung des ÖPNV-integrierten „Linienbedarfsverkehrs", mit dem die kommunalen Aufgabenträger eine zusätzliche Gestaltungsmöglichkeit für das lokale ÖPNV-Angebot und ein weiteres Instrument für nachhaltige und benutzerorientierte Mobilitätsangebote in Ergänzung zum klassischen Linienverkehr erhalten haben. Unter dem Dach des Nahverkehrsplans können sie Linienbedarfsverkehre mit großen und kleinen Gefäßen bestellen und den ÖPNV flexibler und effizienter gestalten, z. B. durch bessere Bedienung von schwach ausgelasteten Strecken oder Randzeiten je nach Bedarfslage. Dies lässt für die Bevölkerung ein insgesamt besser abgestimmtes Verkehrsangebot erwarten. Umgekehrt bietet sich für öffentliche und private Verkehrsunternehmen mit der regulären Zulassung des Linienbedarfsverkehr ein Geschäftsfeld mit verlässlichem Rechtsrahmen und Planungs- und Investitionssicherheit.

Der Linienbedarfsverkehr wie auch der gebündelte Bedarfsverkehr haben das Potential, einen Beitrag zur besseren Versorgung der Bevölkerung mit bedarfsgerechten Mobilitätsangeboten in der Stadt und auf dem Land zu leisten. Dabei kommt den Genehmigungsbehörden eine wichtige Rolle zu, insbesondere mit Blick auf den gebündelten Bedarfsverkehr und den Mietwagenverkehr, weil sie mit umfangreichen Steuerungskompetenzen ausgestattet wurden und im Rahmen ihrer Befugnisse nach dem PBefG und unter Beachtung des Interesses an einer nicht mehr nur wirtschaftli-

---

95 § 64c PBefG; Eckpunktepapier (Fn. 22), Ziffer 9.
96 § 48 Abs. 1 Nr. 7 FeV; Eckpunktepapier (Fn. 22), Ziffer 4.
97 § 28a BOKraft; Eckpunktepapier (Fn. 22), Ziffer 4.
98 § 48 Abs. 1 Nr. 7 FeV; Eckpunktepapier (Fn. 22), Ziffer 4 bzgl. Taxenverkehr, Ausweitung auf Fahrpersonal im Mietwagen- und gebündelten Bedarfsverkehr im parlamentarischen Verfahren.

chen, sondern neben Klimaschutz und Nachhaltigkeit auch die Gleichwertigkeit der Lebensverhältnisse berücksichtigenden Verkehrsgestaltung an der Erfüllung der dem Aufgabenträger obliegenden Aufgaben mitwirken. Vor diesem Hintergrund wird seitens der Behörde eine genaue Beobachtung des lokalen Verkehrsmarktes und eine Prüfung, welche Instrumente im Sinne der jeweiligen PBefG-Regelungen lokal geeignet und zielführend sind, erforderlich sein. Mit einem klugen und vorausschauenden Einsatz der Steuerungsinstrumente durch die Genehmigungsbehörden kann ein gutes Gesamtmobilitätsangebot für die Fahrgäste entwickelt bzw. gestärkt und intelligent mit dem bestehenden ÖPNV in ihrem Gebiet verzahnt werden, auch, um eventuellen Fehlentwicklungen gegenzusteuern oder diese zu korrigieren. Das hat auch Bedeutung für die Erreichung der Ziele von Klimaschutz und Nachhaltigkeit. Ob dies alles auch mit Blick auf die Erwartungen des Gesetzgebers von den Genehmigungsbehörden leistbar sein wird, bleibt abzuwarten. Zu berücksichtigen ist auch, dass die den Genehmigungsbehörden zugewiesenen Steuerungsbefugnisse grundsätzlich nur bei einem entsprechenden Antrag auf Erteilung der Genehmigung für einen bestimmten Verkehr (einzelfallbezogene Verwaltungsentscheidung) zum Einsatz kommen. Eine kommunalpolitische Entscheidung über die lokale Verkehrsgestaltung durch die Gemeindeparlamente ist damit nicht verbunden.

Der Zusammenarbeit von Genehmigungsbehörde und Aufgabenträger kommt eine verstärkte Bedeutung zu, z. B. bei der einvernehmlichen Festlegung der Bündelungsquote im gebündelten Bedarfsverkehr.

F. Ausblick

Welche Effekte und Wirkungen die PBefG-Novelle entfalten wird, ob die gewählten Steuerungsbefugnisse für die Genehmigungsbehörden geeignet und praktikabel sind, die verkehrs-, ordnungs- und klimapolitischen Ziele und Erwartungen des Gesetzgebers zu erfüllen, wird sich nun im Gesetzesvollzug und in der Praxis zeigen. Die Fragen werden u. a. auch sein: Wie wirken die Instrumente in den unterschiedlichen Regionen Deutschlands? Wird der Hauptanwendungsfall für den Linienbedarfsverkehr sein Einsatz in ländlichen Räumen sein?

Auch Verkehrsunternehmer und Mobilitätsanbieter müssen sich auf den neuen Rechtsrahmen einstellen. Mit der regulären Zulassung der beiden neuen Verkehrsformen „Linienbedarfsverkehr" und „gebündelter Bedarfsverkehr" haben sie die Wahl, ob sie ihr Geschäftsmodell innerhalb oder außerhalb des ÖPNV oder sowohl als auch betreiben möchten. Insoweit bleibt auch das künftige Antragsverhalten der Mobilitätsanbieter abzuwarten. Dies gilt auch vor dem Hintergrund der möglichen gerichtlichen Überprüfung einzelner von den Genehmigungsbehörden ergriffenen bzw. den Antragstellern auferlegten Steuerungsmaßnahmen. Die Rechtsfortbildung durch die Gerichte wird abzuwarten sein.

Der neue Rechtsrahmen muss nun mit Leben gefüllt und den Aufgabenträgern und Genehmigungsbehörden Zeit gegeben werden, sich mit den neuen Regelungen und Befugnissen vertraut zu machen und die Instrumente in die Anwendung zu bringen. Offene Fragen werden aktuell in einer Arbeitsgruppe der Länder unter Beteiligung der Genehmigungsbehörden und der kommunalen Spitzenverbände mit dem Ziel eines möglichst einheitlichen Verständnisses und bundeseinheitlichen Vollzugs erörtert.

Die Bundesregierung wird den Umsetzungsprozess begleiten und ist gesetzlich aufgefordert, dem Deutschen Bundestag mit Ablauf von fünf Jahren nach Inkrafttreten der Novelle, d. h. im Jahr 2026, einen Bericht zu den mit der Einführung der neuen Verkehrsformen verfolgten Zielen und deren Auswirkungen auf Klimaschutz und Nachhaltigkeit vorzulegen.[99] Ebenfalls nach fünf Jahren wird das BMDV dem Deutschen Bundestag einen Bericht zur Umsetzung der Mobilitätsdatenverordnung[100] und zur Umsetzung der Vorgaben zur Barrierefreiheit und deren Wirksamkeit[101] vorlegen.

Die gewonnenen Erkenntnisse aus dem Praxisvollzug und die daraus abzuleitenden Schlussfolgerungen für eventuelle Anpassungen des PBefG werden uns also spätestens im Jahr 2026 erneut zum fachlichen Austausch zusammenführen.

---

99 § 66 Abs. 2 PBefG.
100 § 66 Abs. 1 Nr. 1 PBefG.
101 § 66 Abs. 1 Nr. 2 PBefG.

Einordnung der PBefG-Novelle in den verfassungsrechtlichen Rahmen

Dr. Manuel Gleich[*]

A. Einführung

Unter anderem angesichts der zunehmenden Anzahl innovativer Mobilitätsdienste sowie des stetig in den Fokus rückenden Umweltschutzes und der notwendigen „Verkehrswende" kam es kurz vor Ende der 19. Legislaturperiode noch zu der erhofften Novellierung des Personenbeförderungsrechts, deren Änderungen (teilweise) Anfang August 2021 in Kraft getreten sind. Um digitalen Mobilitätsdienstleistern den Marktbeitritt zu erleichtern, wurden mitunter zwei neue Verkehrsarten in das bestehende System integriert. Darüber hinaus ist fortan das Ziel der Umweltverträglichkeit bei der Anwendung des PBefG explizit zu berücksichtigen. Ungeachtet der begrüßenswerten Novellierung des PBefG stellt sich die Frage, ob die Neuerungen bzw. die Nichtneuerungen verfassungsrechtlich mit den Grundrechten im Einklang stehen und ob hier gegebenenfalls zeitnah nachjustiert werden sollte.

I. Verkehrsarten im PBefG

Die Verkehrsarten des PBefG unterteilen sich grundsätzlich in den Straßenbahnverkehr (§§ 28 ff. PBefG), den Verkehr mit Obussen (§ 41 PBefG), den Linienverkehr mit Kraftfahrzeugen (§§ 42 ff. PBefG) sowie den Gelegenheitsverkehr mit Kraftfahrzeugen (§§ 46 ff. PBefG), welche sich teilweise noch weiter untergliedern. Maßgebliche Änderungen erfuhren im Rahmen der Novellierung des PBefG insbesondere der Linienverkehr mit Kraftfahrzeugen durch die Einführung der neuen Verkehrsart des Linienbedarfsverkehrs sowie der Gelegenheitsverkehr mit Kraftfahrzeugen durch die Implementierung des gebündelten Bedarfsverkehrs.

---

[*] Der Verfasser ist Rechtsanwalt bei Norton Rose Fulbright LLP, München.

Dr. Manuel Gleich

1. Linienverkehr mit Kraftfahrzeugen

Zum Linienverkehr mit Kraftfahrzeugen zählt nicht nur der „klassische" Linienverkehr gemäß § 42 Satz 1 PBefG, sondern nun auch der Linienbedarfsverkehr. Linienbedarfsverkehr ist der Linienverkehr gemäß § 42 PBefG, der öffentlicher Personennahverkehr gemäß § 8 Abs. 1 PBefG ist, der der Beförderung von Fahrgästen auf vorherige Bestellung ohne festen Linienweg zwischen bestimmten Einstiegs- und Ausstiegspunkten innerhalb eines festgelegten Gebietes und festgelegter Bedienzeiten dient (§ 44 Satz 1 PBefG).

2. Gelegenheitsverkehr mit Kraftfahrzeugen

Im Gelegenheitsverkehr wird u.a. zwischen dem Verkehr mit Taxen (§§ 46 Abs. 2 Nr. 1 i.V.m. 47 PBefG), dem Verkehr mit Mietwagen (§§ 46 Abs. 2 Nr. 3 i.V.m. 49 Abs. 4 PBefG) sowie – seit der Novellierung des PBefG – dem gebündelten Bedarfsverkehr (§§ 46 Abs. 2 Nr. 4 i.V.m. 50 PBefG) unterschieden. Verkehr mit Taxen ist die Beförderung von Personen mit Personenkraftwagen, die der Unternehmer an behördlich zugelassenen Stellen bereithält und mit denen er Fahrten zu einem vom Fahrgast bestimmten Ziel ausführt (§ 47 Abs. 1 Satz 1 PBefG). Gebündelter Bedarfsverkehr wiederum ist die Beförderung von Personen mit Personenkraftwagen, bei der mehrere Beförderungsaufträge entlang ähnlicher Wegstrecken gebündelt ausgeführt werden (§ 50 Abs. 1 Satz 1 PBefG). Verkehr mit Mietwagen ist dahingegen die Beförderung von Personen mit Personenkraftwagen, die nur im Ganzen zur Beförderung gemietet werden und mit denen der Unternehmer Fahrten ausführt, deren Zweck, Ziel und Ablauf der Mieter bestimmt und die nicht Verkehr mit Taxen nach § 47 PBefG und nicht gebündelter Bedarfsverkehr nach § 50 PBefG sind (§ 49 Abs. 4 Satz 1 PBefG).

II. Die Grundrechte im Verkehrsmarkt

Der Verkehrsmarkt stellt keinen eigens geschützten grundrechtlichen Ausnahmebereich dar, vielmehr ist bei der Frage der Verfassungsmäßigkeit einzelner Regelungen auf die allgemeinen Grundrechte zurückzugreifen.[1] Maßgebliche Grundrechtsträger sind zum einen die Verkehrsnutzer und zum anderen die Verkehrsunternehmer, wobei sich selbstverständlich lediglich privat-rechtliche Wirtschaftsunternehmen auf den Grundrechtsschutz berufen können. Verkehrsunternehmen, die durch die öffentliche Hand beherrscht werden bzw. ganz einem öffentlich-rechtlichen Rechtsträger zugeordnet sind, können sich jedoch auf die grundrechtsähnliche Wirkung des Selbstverwaltungsrechts der Gemeinden (Art. 28 Abs. 2 Satz 1 GG) berufen.[2]

B. Die Grundrechtspositionen der Verkehrsunternehmer

Wie eingangs dargestellt, gelten für die (privaten) Verkehrsunternehmer die allgemeinen Grundrechte, wobei einzelne Regelungen des PBefG in diesem Zusammenhang insbesondere die Berufsfreiheit nach Art. 12 Abs. 1 GG tangieren.

I. Berufsfreiheit, Art. 12 Abs. 1 GG

„*Wer gewerbliche Personenbeförderung betreiben will, ergreift einen ‚Beruf' in dem Sinne, in dem die Rechtsprechung des Bundesverfassungsgerichts diesen Begriff gedeutet hat*"[3]. Mithin unterfällt die unternehmerische Betätigung der Verkehrsunternehmer dem Schutzbereich der Berufsfreiheit im Sinne des Art. 12 Abs. 1 GG.

---

[1] *Knauff*, in: ders. (Hrsg.), Vorrang der Eigenwirtschaftlichkeit im ÖPNV, S. 11 (12); *Gleich*, Grundrechtliche Determinanten des Verkehrsmarktrechts, S. 60 f.
[2] *Heinze*, in: ders./Fehling/Fiedler, PBefG, Vorb. II, Rn. 33; *Knauff*, Der Gewährleistungsstaat: Reform der Daseinsvorsorge, S. 198 ff.; *ders.*, in: ders. (Fn. 1), S. 11 (14); *Uerpmann-Wittzack*, in: Isensee/Kirchhof, HdbStR, Bd. IV, § 89, Rn. 29; *Barth*, Nahverkehr in kommunaler Verantwortung, S. 89; *Gleich* (Fn. 1), S. 58 f.
[3] VGH Baden-Württemberg, Urt. v. 27.11.2003, Az. 3 S 709/03, Rn. 25 (Juris) unter Verweis auf BVerfGE 11, 168.

Dr. Manuel Gleich

1. Grundlegung

Der Berufsbegriff umfasst dabei nicht nur *„alle Berufe, die sich in bestimmten, traditionell oder sogar rechtlich fixierten ‚Berufsbildern' darstellen"*[4], sondern auch *„die vom Einzelnen frei gewählten untypischen (erlaubten) Betätigungen, aus denen sich dann wieder neue feste Berufsbilder ergeben mögen"*[5]. Der verfassungsrechtliche Berufsbegriff stellt demzufolge *„die Freiheit des Bürgers [dar], jede Tätigkeit, für die er sich geeignet glaubt, als ‚Beruf' zu ergreifen, d.h. zur Grundlage seiner Lebensführung zu machen [...] und durch die er zugleich seinen Beitrag zur gesellschaftlichen Gesamtleistung erbringt"*[6]. Aus den seitens der Rechtsprechung entwickelten Grundsätzen lässt sich zum einen ein sehr weites Begriffsverständnis des Berufs abstrahieren, das sich zudem als Berufserfindungs- und Berufsgestaltungsrecht[7] des Grundrechtsberechtigten – vorliegend des Verkehrsunternehmers – verstehen lässt. Zum anderen wird aber das Vorliegen von Berufsbildern zur Begriffsbestimmung des „Berufs" vorausgesetzt. Überdies entschied das Bundesverfassungsgericht, dass die *„Regelung subjektiver Voraussetzungen der Berufsaufnahme [...] Teil der rechtlichen Ordnung eines Berufsbildes [ist]; sie gibt den Zugang zum Beruf nur den in bestimmter – und zwar meist formaler – Weise qualifizierten Bewerbern frei. [...] Der Gesetzgeber konkretisiert und ‚formalisiert' nur dieses sich aus einem vorgegebenen Lebensverhältnis ergebende Erfordernis; dem Einzelnen wird in Gestalt einer vorgeschriebenen formalen Ausbildung nur etwa zugemutet, was er grundsätzlich der Sache nach ohnehin auf sich nehmen müßte, wenn er den Beruf ordnungsgemäß ausüben will."*[8]

Nach der Integration des Begriffs des „Berufsbilds" konkretisierte das Bundesverfassungsgericht anschließend die Möglichkeit Berufsbilder festzulegen und verengte den zunächst als weit propagierten Berufsbegriff, indem es konkret beschloss: *„Im Apotheken-Urteil ist ausgesprochen [...], daß der Einzelne bei seiner Berufswahl nicht von vornherein auf feste Berufsbilder beschränkt ist, daß er vielmehr grundsätzlich auch jede (erlaubte) untypische Tätigkeit als Beruf erwählen darf. Diese weite Auslegung des Berufsbegriffs ergab sich notwendig aus dem Grundsatz der freien Berufswahl. Die Befugnis*

---

4 BVerfGE 7, 377 (397).
5 BVerfGE 7, 377 (397).
6 BVerfGE 7, 377 (397); 50, 290 (262).
7 Hierzu *Stern*, Staatsrecht, Bd. IV/1, 2006, S. 1804; *Burgi*, in: Kahl/Waldhoff/Walter, Bonner Kommentar zum Grundgesetz, 2019, Art. 12, Rn. 112; *Schneider*, in: Merten/Papier, HGR, Bd. V, § 113, Rn. 57; *Scholz* in: Maunz/Dürig, GG, 2006, Art. 12, Rn. 276; ablehnend *Wieland*, in: Dreier, GG, Bd. I, Art. 12, Rn. 34.
8 BVerfGE 7, 377 (409 f.).

des Gesetzgebers, bestimmte Berufsbilder rechtlich festzulegen und damit die freie Berufswahl in diesem Bereich zu verengen, ja teilweise auszuschließen, wurde nicht geleugnet, sondern vorausgesetzt [...]. Wo die Grenzen rechtlicher Fixierung von Berufsbildern verlaufen, läßt sich nicht allgemein sagen; es wird darauf ankommen, ob der Gesetzgeber nur ausspricht, was sich aus einem ohnehin klar zusammenhängenden, von anderen Tätigkeiten deutlich abgegrenzten ‚vorgegebenen' Sachverhalt von selbst ergibt, oder ob er es etwa unternimmt, solchen Vorgegebenheiten ohne hinreichenden Grund eine andersartige Regelung ‚willkürlich' aufzuzwingen."[9] Im Übrigen muss der Gesetzgeber so verfahren, „als daß er – unter Beachtung des Herkommens und der tatsächlichen Übung im Berufe – verwandte Tätigkeiten zur Einheit eines einzigen Berufs zusammenfaßt. Ob er dabei in der ‚Auffächerung' von Berufen genügend weit geht, kann nur im Einzelfall beurteilt werden. Generell läßt sich sagen, daß dem Gesetzgeber hier ein gewisser Spielraum bleiben muß; er ist zur Typisierung gezwungen und darf auf dieser Grundlage von durchschnittlich gerechtfertigten Qualifikationserfordernissen ausgehen"[10]. Dementsprechend kann die Festlegung von Berufsbildern dazu führen, dass in diesem Bereich der Einzelne auf die freie Wahl des so geprägten Berufs beschränkt ist und er keine untypische Betätigung vorzunehmen vermag.[11] Der Einzelne kann demnach „nicht unter Berufung auf sein Recht zur freien Berufswahl durch die jederzeit mögliche Erfindung untypischer Betätigungsformen fordern, daß die Gestalt eines solchen typischen Berufs von eigenem sozialen Gewicht und charakteristischem Gepräge aufgelöst werde in eine Vielzahl allein dem Belieben des Einzelnen anheimgegebener ‚Berufe'."[12] Insbesondere „kann nicht durch eine rein quantitative Ausweitung des Umfangs der typischen Berufstätigkeit ein neuer Beruf entstehen."[13] Darüber hinaus attestiert das Bundesverfassungsgericht der Fixierung von Berufsbildern eine doppelte Wirkung: „Einmal wird der Beruf ‚monopolisiert' [...], d.h. die Aufgaben dieses Berufs können künftig nur noch von dem wahrgenommen werden, der die Voraussetzungen dieses Berufsbildes erfüllt; andere Bewerber, mögen sie noch so geeignet und leistungsfähig sein, sind ausgeschlossen; andererseits muß, wer diesen Beruf wählt, ihn in der rechtlichen Ausgestaltung wählen, die ihm der Gesetzgeber gegeben hat, d.h. er muß die konkretisierten und formalisierten rechtlichen Voraussetzungen genau erfüllen, um zur Ausübung des Berufs zugelassen zu werden. Insofern wird durch jede rechtliche Festlegung eines Berufsbildes zwangsläufig das Recht der Berufswahl

---

9 BVerfGE 13, 97 (106).
10 BVerfGE 13, 97 (117).
11 BVerfGE 17, 232 (Ls. 2).
12 BVerfGE 17, 232 (241 f.).
13 BVerfGE 17, 232 (242).

in diesem Bereich verengt, ja teilweise ausgeschlossen".[14] Darüber hinaus kann im *„Rahmen der gesetzlichen Fixierung von Berufsbildern [...] die Freiheit der Berufswahl durch Schaffung von Inkompatibilitäten beschränkt werden".*[15]

Einerseits ist die Unterscheidung der einzelnen Berufsbilder im Bereich des Verkehrsmarkts aufgrund der verkehrsartabhängigen Gemeinwohlbelange essenziell, da jeder Eingriff (grundsätzlich) anhand der einzelnen Verkehrsart auf seine Verfassungsmäßigkeit hin überprüft werden muss. Andererseits stellt sich aber zudem die Frage, inwieweit an den gesetzlich festgeschriebenen Berufsbildern festgehalten werden muss bzw. darf, wenn sich in tatsächlicher Hinsicht die Berufsbilder so nah gekommen sind, dass diese kaum mehr Unterschiede aufweisen.

Darüber hinaus gilt die Berufsfreiheit nicht schrankenlos. Entsprechend der vom Bundesverfassungsgericht entwickelten Stufentheorie lässt sich die Berufsfreiheit daher im Wege von Berufsausübungsregelungen, subjektiven Berufswahlregelungen sowie objektiven Berufswahlregelungen einschränken, wobei sich der Rechtfertigungsmaßstab je nach Intensität des Eingriffs erhöht. Die Freiheit der Berufsausübung kann demnach bereits durch jede vernünftige Erwägung des Gemeinwohls in legitimer Weise beschränkt werden.[16] Subjektive Berufswahlregelungen müssen zum Schutz eines wichtigen Gemeinschaftsguts notwendig sein und dürfen zu dem angestrebten Zweck der ordnungsgemäßen Erfüllung der Berufstätigkeit nicht außer Verhältnis stehen.[17] Objektive Berufswahlregelungen sind dahingegen nur zur Abwehr nachweisbarer oder höchstwahrscheinlicher schwerer Gefahren für ein überragend wichtiges Gemeinschaftsgut verfassungsrechtlich legitim.[18] Überdies muss eine das Grundrecht einschränkende Norm auch verhältnismäßig, also geeignet, erforderlich und im Einzelfall angemessen sein.

2. Eingriffsrechtfertigende Gemeinwohlbelange

Wie eingangs erwähnt, dürfen die Gemeinwohlbelange im Bereich des Verkehrsmarkts bereits dem Grunde nach nicht unter Verweis auf die „Einheit des Verkehrs" allgemein als Legitimationsgrundlage für Grundrechtseingriffe in den Verkehrsmarkt, namentlich die Berufsfreiheit der

---

14 BVerfGE 21, 173 (180).
15 BVerfGE 21, 173 (Ls. 1).
16 BVerfGE 7, 377 (405).
17 BVerfGE 7, 377 (407); 13, 97 (107).
18 BVerfGE 7, 377 (408).

Verkehrsunternehmer, herangezogen werden. Vielmehr muss für jede Verkehrsart einzeln und gesondert geprüft werden, ob die jeweiligen Eingriffe gerechtfertigt sind. Hierzu entschied das Bundesverfassungsgericht, dass die Frage, ob ein Eingriff in die Berufsfreiheit verfassungsrechtlich legitimiert ist, *"für die einzelnen Personenbeförderungsberufe gesondert geprüft und beantwortet werden [muss]. Es geht nicht an, unter Berufung auf die ‚Einheit des Verkehrs', d.h. auf die Zusammenhänge innerhalb des ‚Verkehrsorganismus', anzunehmen, daß objektive Zulassungsvoraussetzungen nur einheitlich für alle Verkehrsunternehmen zulässig oder unzulässig sein könnten, also für alle Arten der Personenbeförderung zulässig sein müßten, wenn sie sich auch nur für eine Art als gerechtfertigt und notwendig erweisen. Nur bei rigoroser Planwirtschaft im Verkehrswesen, bei der generell ‚jedem Beförderungszweige diejenigen Aufgaben zugewiesen werden, die er im Rahmen des Gesamtverkehrs und der Wirtschaft am besten zu lösen vermag' [...], wäre diese Auffassung haltbar, nicht aber bei einem System, das innerhalb eines im großen geordneten Verkehrswesens noch so viel an Freiheit für den einzelnen aufrechterhalten will – und im Hinblick auf Art. 12 Abs. 1 GG aufrechterhalten muß –, als mit den Interessen der Allgemeinheit vereinbar ist."*[19]

Nichtsdestotrotz dienen vereinzelt Gemeinwohlbelange verkehrsartübergreifend als Rechtfertigungsgrund. Unvorstellbar wäre, das verlässliche Funktionieren des daseinsvorsorgerelevanten Verkehrs isoliert anhand einer spezifischen Verkehrsart zu betrachten. Vielmehr lässt sich die Frage, ob ein eingriffsrechtfertigender Gemeinwohlbelang vorliegt, erst infolge der Verknüpfung und der Integration einzelner Verkehrsarten im gesamten Verkehrsorganismus beantworten. Ebenso sind Aspekte der Sicherheit sowie des Umweltschutzes für jede Verkehrsart *per se* unabdingbar, so dass eine isolierte Betrachtung anhand nur einer spezifischen Verkehrsart den Gemeinwohlcharakter verkennen würde.[20]

a) Das verlässliche Funktionieren des ÖPNV

Zunächst ist das verlässliche Funktionieren des ÖPNV – soweit er der Daseinsvorsorge dient – als überragend wichtiges Gemeinschaftsgut zu verstehen.[21] Hinsichtlich des Linienverkehrs stellte das Bundesverfassungsgericht bereits früh fest, dass *"große Gruppen der Bevölkerung auf das Beste-*

---

19 BVerfGE 11, 168 (183 f.).
20 *Gleich* (Fn 1), S. 105 ff.
21 *Gleich* (Fn. 1), S. 105.

hen wie auf das verläßliche Funktionieren dieses Verkehrs angewiesen" sind.[22] Nach zutreffender Auffassung des Bundesverfassungsgerichts ist die Aufrechterhaltung eines geordneten und reibungslos ablaufenden daseinsvorsorgerelevanten Verkehrs von so überragender Bedeutung, dass dessen außerordentliche Bedeutung für das moderne Leben keiner näheren Darlegung bedarf.[23] Dies ist auch bis heute in faktischer Hinsicht zutreffend und lässt sich nicht nur auf den Linienverkehr beschränken, sondern gilt darüber hinaus für den gesamten daseinsvorsorgenrelevanten Verkehr. Insbesondere ermöglicht das verlässliche Funktionieren des daseinsvorsorgerelevanten Verkehrs einem Großteil der Bevölkerung erst die Teilhabe am wirtschaftlichen, sozialen und kulturellen Leben.[24] Nach der hier vertretenen Auffassung zählen dementsprechend zum daseinsvorsorgerelevanten Verkehr der in § 8 Abs. 1 PBefG definierte öffentliche Personennahverkehr, einschließlich des Taxen- oder Mietwagenverkehrs, die die in § 8 Abs. 1 PBefG genannten Verkehrsarten ersetzen, ergänzen oder verdichten (§ 8 Abs. 2 PBefG).

Darüber hinaus muss der Eingriff in die Berufsfreiheit der Verkehrsunternehmer auch stets im konkreten Einzelfall geboten sein und es darf kein milderes Mittel zur Verfügung stehen, das weniger in die Freiheit des Einzelnen eingreift, denn es genügt nicht, *„in allgemein gehaltenen Ausführungen bei jeder Lockerung der objektiven Zulassungsvoraussetzungen ‚Unordnung' und ‚ruinöse Auswirkungen' auf dem Gesamtgebiet des Verkehrs vorauszusagen, ohne daß die kausalen Zusammenhänge im einzelnen ersichtlich wären. Es muß stets dargetan werden, welche konkreten Störungen des Verkehrswesens überhaupt oder auch nur des Personenbeförderungswesens mit Sicherheit oder hoher Wahrscheinlichkeit eintreten werden und ob ihnen nicht durch Ausübungsregelungen oder subjektive Zulassungsvoraussetzungen mit Erfolg begegnet werden kann"*[25].

---

22 BVerfGE 11, 168 (184); so auch VGH München, Urt. v. 1.6.2011, Az. 11 B 11.332, BeckRS 2011, 52843.
23 BVerfGE 11, 168 (185).
24 *Wachinger*, Das Recht des Marktzugangs im ÖPNV, S. 108; *Beckmann*, Die Liberalisierung des innerstaatlichen Omnibusfernlinienverkehrs, S. 104; *Gleich* (Fn. 1), S. 106.
25 BVerfGE 11, 168 (185).

b) Der Schutz des Lebens und der körperlichen Unversehrtheit

Des Weiteren lässt sich aufgrund der staatlichen Schutzpflicht des Art. 2 Abs. 2 Satz 1 GG ein Gemeinwohlbelang darstellen, der Eingriffe in die Berufsfreiheit der Verkehrsunternehmer zu rechtfertigen vermag. Hierunter lässt sich sowohl die Sicherheit des Verkehrs als auch die Sicherheit aller Personen, die den Immissionen des Verkehrsmarkts ausgesetzt sind (d.h. nicht nur Verkehrsteilnehmer, sondern allgemein Personen – auch außerhalb der aktiv am Verkehr Teilnehmenden) subsumieren.[26] Darüber hinaus schließt Art. 2 Abs. 2 Satz 1 GG auch den Schutz vor Beeinträchtigungen grundrechtlicher Schutzgüter durch Umweltbelastungen ein, gleich von wem und durch welche Umstände sie drohen. Die aus Art. 2 Abs. 2 Satz 1 GG folgende Schutzpflicht des Staates umfasst demnach auch die Verpflichtung, Leben und Gesundheit vor den Gefahren des Klimawandels zu schützen, mithin kann sie auch eine objektivrechtliche Schutzverpflichtung in Bezug auf künftige Generationen begründen.[27]

Entsprechend wird dem Umweltschutz eine Doppelwirkung beigemessen. Als überragend wichtiges Gemeinschaftsgut ist der Umweltschutz dann zu qualifizieren, wenn er notwendig ist, um Auswirkungen auf Leben und Gesundheit der Menschen zu verhindern bzw. zu minimieren.

c) Der Schutz der Umwelt

Im Übrigen lässt sich auch aus der Staatszielbestimmung des Art. 20a GG ein Gemeinwohlbelang darstellen, der einen Eingriff in die Berufsfreiheit der Verkehrsunternehmer verfassungsrechtlich zu legitimieren vermag.[28] Die Umweltfunktion des ÖPNV wird zudem durch die explizite Nennung in § 1a PBefG im Vergleich zu den übrigen Funktionen einer ausreichenden Verkehrsbedienung in den Vordergrund gerückt[29], so dass dem Klimaschutz und der Nachhaltigkeit zukünftig als Abwägungsbelang eine höhere Priorisierung zukommen wird. Überdies ist nach der Rechtsprechung des Bundesverfassungsgerichts die „*Vereinbarkeit von Art. 20a GG (…) Voraussetzung für die verfassungsrechtliche Rechtfertigung staatlicher Eingriffe in*

---

26 Vgl. *Gleich* (Fn. 1), S. 108 ff.
27 BVerfG, NJW 2021, 1723 (Ls. 1).
28 *Gleich* (Fn. 1), S. 113.
29 *Linke*, NVwZ 2021, 1001 (1002).

Grundrechte"[30]. Letztlich wird der Hauptanwendungsfall des Umweltschutzes jedoch in den Grenzbereichen liegen, in denen nicht primär der Schutz der Umwelt bezweckt wird, sondern dieser letztlich zum Schutze des Lebens und der körperlichen Unversehrtheit der Menschen unabdingbar ist.

II. Weitere Grundrechte

Im Übrigen weisen insbesondere noch die Eigentumsgarantie (Art. 14 Abs. 1 GG), die allgemeine Handlungsfreiheit (Art. 2 Abs. 1 GG) sowie der allgemeine Gleichheitssatz (Art. 3 Abs. 1 GG) Relevanz für die Verkehrsunternehmer auf.[31]

C. Die Grundrechtspositionen der Verkehrsnutzer

Liegt auf Seiten der Verkehrsunternehmer die Nähe zu den einzelnen Grundrechten offenkundig auf der Hand, können sich die Verkehrsnutzer nicht auf ein eigenständiges „Grundrecht auf Mobilität"[32] berufen.[33] Allerdings sind nahezu allen allgemeinen Grundrechten gewisse Mobilitätsverbürgungen immanent, so dass die Mobilität des Verkehrsnutzers unter Rückgriff auf das jeweils im Einzelfall tangierte Grundrecht umfassend geschützt ist.[34] Beispielhaft sei hier u.a. das Grundrecht der Freizügigkeit (Art 11 Abs. 1 GG) genannt, dessen Aufgabe es ist, die Fortbewegung im

---

30 BVerfG, NJW 2021, 1723 (Ls. 2).
31 Ausführlich *Gleich* (Fn. 1), S. 152 ff.
32 Fürsprecher eines Grundrechts auf Mobilität sind u.a.: *Ronellenfitsch*, DAR 1992, 321 ff.; *ders.*, DAR 1994, 7 ff.; *ders.*, in: Tübinger Universitätsreden, Neue Folge Bd. 13, Reihe der Juristischen Fakultät, Bd. 7, 13; *ders.*, ZfV 1995, 207 ff.; *ders.*, JöR 44 (1996), 167 ff.; *ders.*, in: Rodi (Hrsg.), Recht auf Mobilität – Grenzen der Mobilität, 73 ff.; *Maaß*, Der Wettbewerb im örtlichen Personenbeförderungswesen, S. 42 ff.; *Knecht*, NVwZ 2003, 932 (934).
33 *Koch*, Zeitschrift für Verwaltung 1994, 545 ff.; *ders.*, in: Dolde (Hrsg.), Umweltrecht im Wandel, 873 (886); *Sendler*, NJW 1995, 1468 (1468 f.); *Papier*, DAR 2002, 532 (533); *Ott*, in: Rodi (Hrsg.), Recht auf Mobilität – Grenzen der Mobilität, 23 (47); *Gusy*, in: v. Mangoldt/Klein/Starck, GG, Art. 11, Rn. 33; *Durner*, in: Maunz/ Dürig, GG, 2002, Art. 11, Rn. 93; siehe auch *Bartlsperger*, Das Fernstraßenwesen in seiner verfassungsrechtlichen Konstituierung, S. 158; *Röthel*, Grundrechte in der mobilen Gesellschaft, S. 197 f.; *Gleich* (Fn. 1), S. 212 f.
34 Ausführlich hierzu *Gleich* (Fn. 1), S. 170 ff.

Rahmen des Aufenthalts und des Verweilens zu gewährleisten oder die Berufsfreiheit (Art. 12 Abs. 1 GG), die ebenso garantiert, dass die Arbeitnehmer ihre Arbeitsstätte auch tatsächlich erreichen können. Weiter ermöglicht beispielsweise die Versammlungsfreiheit (Art. 8 Abs. 1 GG) auch die Anreise zu einer Versammlung.

Aus diesen verfassungsrechtlichen Mobilitätsgewährleistungen wiederum und der Notwendigkeit des öffentlichen Personennahverkehrs, jedem Bürger die Teilhabe am sozialen, wirtschaftlichen und kulturellen Leben zu ermöglichen, lässt sich der ÖPNV in seiner Funktion selbst als institutionelle Garantie verstehen[35], deren Sicherstellung und Gewährleistung dem Staat obliegt[36]. Dementsprechend bedarf es der Existenz eines den jeweiligen Umständen angepassten, diskriminierungsfreien, preiswerten sowie leistungsfähigen öffentlichen Personennahverkehrs, der der erforderlichen Mobilität in gebotener Weise Rechnung trägt.[37]

D. Einordnung der PBefG-Novelle

Vor dem Hintergrund der vorangestellten Ausführungen zu den Grundrechtspositionen der Verkehrsunternehmer und der Grundrechtspositionen der Verkehrsnutzer, unter besonderer Berücksichtigung der Einschränkbarkeit der Berufsfreiheit durch die dem Verkehrsmarkt immanenten Gemeinwohlbelange, seien nachfolgend ausgewählte Problemkreise des novellierten PBefG auf ihre verfassungsrechtliche Legitimation hin überprüft.

I. Zulassung neuer Verkehrsarten

Die Zulassung neuer Verkehrsarten stellt dem Grunde nach keinen Eingriff in etwaige Grundrechte dar, sondern gewährt vielmehr der Berufsfreiheit als Freiheitsgrundrecht seinen intendierten Zweck. Auch im Hinblick auf die Verkehrsnutzer ist die Zulassung weiterer Verkehrsarten zu begrüßen. Etwas Anderes ergäbe sich jedoch dann, wenn durch die Zulassung

---

35 *Knauff*, Die Verwaltung 53 (2020), 347 (352 f.); *ders.*, Der Gewährleistungsstaat (Fn. 2), S. 311 ff.; *Ronellenfitsch*, VerwArch 92 (2001), 293 (296); *Fehling*, ZUR 2020, 387 (389).
36 *Gleich* (Fn. 1), S. 219.
37 *Knauff*, in: ders. (Fn. 1), S. 11 (16); *Gleich* (Fn. 1), S. 219 ff.

neuer Verkehrsarten derart in bestehende (daseinsvorsorgedienende) Verkehre des ÖPNV eingegriffen werden würde, dass das verlässliche Funktionieren ebendieser nicht mehr gewährleistet wäre. Voraussetzung hierzu wäre allerdings, dass die neuen Verkehrsarten selbst nicht dem Spektrum des öffentlichen Personennahverkehrs zuzuordnen sind.[38] Es wird sich erst zeigen, wie die „neuen" Verkehrsarten in den gesamten Verkehrsorganismus integriert werden und ob hierin letztlich Gefahren für den daseinsvorsorgerelevanten Verkehr bestehen. Der Gesetzgeber hat der Genehmigungsbehörde im Stadt- und im Vorortverkehr jedenfalls im Hinblick auf den gebündelten Bedarfsverkehr angesichts der Bündelungsquote bereits ein Instrument an die Hand gegeben, mit dem sich gegensteuern ließe.

Im Übrigen ist nicht auszuschließen, dass durch eine inflationäre Zulassung weiterer Verkehrsarten und damit auch weiterer Verkehrsunternehmer und der zunehmenden Belastung der Umwelt auch Gefahren für Leben und körperliche Unversehrtheit begründet würden. Dies gilt jedenfalls insoweit, als sich durch die Zulassung neuer Verkehrsarten der motorisierte Individualverkehr nicht substituieren ließe, sondern zusätzlich zu diesem angeboten werden würde. Bei einem zunehmenden Umstieg auf elektrische Mobilität, würde das Vorstehende indes nicht zwanglos gelten. Es wird zukünftig weiter zu beobachten sein und festzustellen, ob entsprechende Gefahren erwachsen.

II. Gebotenheit der rechtlichen Trennung des Taxen- und Mietwagenverkehrs?

Bereits vor der Novellierung des PBefG stellte sich die Frage, ob die rechtliche Trennung zwischen Taxen- und Mietwagenverkehr noch verfassungsrechtlich legitimiert ist. Zwar liegt es im Kompetenzbereich des Gesetzgebers Berufsbilder zu fixieren, doch ist es ebenso seine Pflicht, Berufsbilder zu ändern oder neu auszurichten, soweit die ihnen zugewiesenen Funktionen nicht mehr vorliegen, mithin eine Trennung auch nicht mehr geboten ist.

1. Änderung und Ausrichtung von Berufsbildern

Die Zulässigkeit der Zusammenlegung ähnlicher Berufe ist der Berufsbildfixierung immanent. Der Gesetzgeber habe nämlich bei der rechtlichen

---

38 *Gleich* (Fn. 1), S. 131 ff.

Fixierung von Berufsbildern genauso zu verfahren, wie er verwandte Tätigkeit zur Einheit eines einzigen Berufs zusammenfasst.[39] Infolge des freiheitssichernden Charakters der Berufsfreiheit bedarf es daher einer Öffnung festgelegter Berufsbilder, wenn diese mit dem zugrundliegenden Berufsfeld nicht mehr vereinbar sind.[40]

2. *Überschneidung von Taxen- und Mietwagenverkehr*

Entsprechend der Rechtsprechung des Bundesverfassungsgerichts unterscheiden sich Taxen- und Mietwagenverkehr prinzipiell anhand ihrer jeweiligen Funktionszuweisung im Verkehrsmarkt. Der Taxenverkehr stelle ein öffentliches Verkehrsmittel dar, das Aufgaben übernehme, die kein anderer Verkehrsträger in Ermangelung der notwendigen netzbezogenen Flexibilität erfüllen könne.[41] Demgegenüber befriedige der Mietwagenverkehr in Form eines „Luxusbedürfnisses" ein eigenartiges Bedürfnis[42], das mit dem des Taxenverkehrs zwar infolge der Flexibilität und Individualität vergleichbar sei, jedoch sei bei dessen Wegfall nach wie vor eine ungehinderte Mobilität im Bereich des öffentlichen Personennahverkehrs gewährleistet. An dieser Rechtsprechung vermag jedoch bereits angesichts des § 8 Abs. 2 PBefG nicht mehr festgehalten werden, nachdem öffentlicher Personennahverkehr auch der Verkehr mit Taxen oder Mietwagen ist, der einen der in § 8 Abs. 1 PBefG genannten Verkehrsart ersetzt, ergänzt oder verdichtet. Darüber hinaus hat auch der Gesetzgeber erkannt, dass der Mietwagenverkehr kein Luxusbedürfnis mehr darstellt; vielmehr wurden bzw. werden die Verkehrsdienstleistungen der Mietwagenunternehmer teilweise günstiger – weitestgehend aber nicht teurer – als vergleichbare Fahrten mit dem Taxenverkehr angeboten.[43] Hierzu kann die Genehmigungsbehörde nun zum Schutz der öffentlichen Verkehrsinteressen gemäß § 51a Abs. 1 PBefG Mindestbeförderungsentgelte festlegen. Aber auch hierdurch wird wohl dem Mietwagenverkehr nicht mehr seine ursprüngliche Funktion als eigenartiges Luxusbedürfnis zukommen, denn grundsätzlich wird es wohl bei der Möglichkeit („kann") bleiben, auch tatsächlich Mindestbeförderungsentgelte festzulegen, denn eine Ermessensreduzierung auf „Null" und eine damit einhergehende Pflicht zur Festlegung von

---

39 BVerfGE 13, 97 (117).
40 *Gleich* (Fn. 1), S. 82 ff.
41 BVerfGE 11, 169 (186).
42 BVerfGE 11, 169 (187).
43 Siehe hierzu bereits umfassend Gleich (Fn. 1), S. 88 f.

Dr. Manuel Gleich

Mindestbeförderungsentgelten bestünde letztlich nur dann, wenn das Funktionieren des daseinsvorsorgerelevanten Verkehrs anderenfalls zum Erliegen käme. Entsprechend wird *de facto* wohl weiterhin keine allzu große Preisspanne zwischen Taxen- und Mietwagenverkehr verbleiben. Die derzeitige Funktionszuweisung der beiden Verkehrsarten ist daher in tatsächlicher Hinsicht aufgehoben. Verfassungsrechtlich wäre es daher geboten, die rechtliche Trennung aufzuheben. An dieser Stelle sei jedoch erwähnt, dass es selbstverständlich Aufgabe des Gesetzgebers wäre, beiden Berufsbildern erneut einen eigenen Funktionsgehalt zuzuweisen, wenn er an der Typisierung festzuhalten gedenkt. Dies würde eine rechtliche Trennung wiederum gebieten.

III. Klimaschutz und Nachhaltigkeit, § 1a PBefG

Des Weiteren sind nun bei Anwendung des PBefG die Ziele des Klimaschutzes und der Nachhaltigkeit zu berücksichtigen (§ 1a PBefG). Die Umweltverträglichkeit spiegelt sich auch durch das Einfügen der Wörter *„den Grundsätzen des Klimaschutzes und der Nachhaltigkeit"* nach dem Wort *„ausreichenden"* in § 8 Abs. 3 Satz 1 PBefG sowie das Einfügen der Wörter *„den Klimaschutz und die Nachhaltigkeit sowie die Gleichwertigkeit der Lebensverhältnisse berücksichtigenden"* nach dem Wort *„wirtschaftlichen"* in § 8 Abs. 3a PBefG wider. Der Umweltschutz ist demnach bei allen Verkehrsarten des PBefG zu berücksichtigen und ergänzt das bislang vorherrschende Ziel der Gefahrenabwehr.[44] Dies lässt die Folgerung zu, dass seitens der Gesetzgebung ebenso intendiert ist, dem Umweltschutz als Abwägungsbelang einen höheren Stellenwert beizumessen und zudem das objektiv-rechtliche Verfassungsrecht des Art. 20a GG im Bereich des Personenbeförderungsrechts auch einfachgesetzlich zu normieren. Dies muss umso mehr gelten, als nach der Entscheidung des Bundesverfassungsgerichts[45] das Leben und die körperliche Unversehrtheit auch vor den Gefahren des Klimawandels zu schützen und die Vereinbarkeit mit Art. 20a GG per se Voraussetzung für die verfassungsrechtliche Rechtfertigung staatlicher Eingriffe in Grundrechte ist[46]. Maßgeblicher Treiber des Klimawandels ist die CO_2-Bilanz von Kraftfahrzeugen. Insbesondere sollte das PBefG daher mehr denn je

---

44 *Linke*, NVwZ 2021, 1001 (1002).
45 BVerfG, NJW 2021, 1723.
46 BVerfG, NJW 2021, 1723 (Ls. 2).

versuchen, seinen Beitrag zur Ermöglichung der Abwanderung vom motorisierten Individualverkehr hin zum ÖPNV zu leisten.

IV. Die Bündelungsquote des § 50 Abs. 3 PBefG

Die Bündelungsquote ist verfassungsrechtlich legitimiert und mit Art. 12 Abs. 1 GG vereinbar. Im Stadt- und im Vorortverkehr ist von der Genehmigungsbehörde im Einvernehmen mit dem Aufgabenträger eine Quote für den Anteil an gebündelten Beförderungsaufträgen festzulegen, der in einem bestimmten Zeitraum innerhalb des Gebietes zu erreichen ist, in dem der Verkehr durchgeführt wird (Bündelungsquote, § 50 Abs. 3 Satz 1 PBefG). Grundlage für die Berechnung der Bündelungsquote ist die Beförderungsleistung im Verhältnis der zurückgelegten Personenkilometer zu den zurückgelegten Fahrzeugkilometern (§ 50 Abs. 3 Satz 2 PBefG). Durch den gebündelten Bedarfsverkehr soll durch die Bündelung individueller Fahrtwünschen eine höhere Verkehrseffizienz erreicht werden.[47] Die Funktion der Daseinsvorsorge wird dem gebündelten Bedarfsverkehr nicht zuteil, mithin hat er im Verhältnis zu anderen Verkehrsformen, die diese erfüllen, zurückzutreten.[48] Aus diesem Grund ist § 13 Abs. 5a PBefG ebenfalls mit der Berufsfreiheit des Art. 12 Abs. 1 GG vereinbar, wonach die Genehmigung versagt werden kann, wenn die öffentlichen Verkehrsinteressen dadurch beeinträchtigt werden, dass durch die Ausübung des beantragten Verkehrs die Verkehrseffizienz im beantragten Bediengebiet nicht mehr sichergestellt ist. Aufgrund der Notwendigkeit des Funktionierens des daseinsvorsorgerelevanten Verkehrs müssen alle Verkehre, die diese Funktion nach der gesetzgeberischen Intention nicht wahrnehmen, zurücktreten.

V. Die Rückkehrpflicht des § 49 Abs. 4 Satz 3 PBefG

Nach Ausführung des Beförderungsauftrags hat der Mietwagen unverzüglich zum Betriebssitz zurückzukehren, es sei denn, er hat vor der Fahrt von seinem Betriebssitz oder der Wohnung oder während der Fahrt einen neuen Beförderungsauftrag erhalten (§ 49 Abs. 4 Satz 3 PBefG). Auch wenn die sog. Rückkehrpflicht für den Mietwagenverkehr bereits Teil der vorheri-

---

47 BR-Drs. 28/21, Zu Nummer 27 (§ 50).
48 *Gleich* (Fn. 1), S. 130 f.

gen Fassung des PBefG war, werden seit der Novellierung durch § 49 Abs. 5 PBefG Ausnahmen hiervon zugelassen, denn die Genehmigungsbehörde kann nun für Gemeinden mit großer Flächenausdehnung Einzelheiten für die Genehmigung von Ausnahmen von der Pflicht zur Rückkehr an den Betriebssitz ohne neuen Beförderungsauftrag an einen anderen Abstellort als den Betriebssitz festlegen (§ 49 Abs. 5 Satz 1 PBefG). Bei Vergegenwärtigung des Ziels der Rückkehrpflicht, welches darin liegt, die Unterscheidung zwischen Mietwagenverkehr und Taxenverkehr aufrechtzuerhalten[49], erscheint die Rückkehrpflicht verfassungsrechtlich nicht legitimiert, solange die rechtliche Trennung des Mietwagen- und des Taxenverkehrs nicht (mehr) geboten ist. Ungeachtet dessen bestehen an der Zulässigkeit der Rückkehrpflicht ebenso unter einfachgesetzlichen Aspekten des Klimaschutzes und der Nachhaltigkeit (vgl. § 1a PBefG) sowie dem damit einhergehenden Schutz für das Leben und die körperliche Unversehrtheit (Art. 2 Abs. 2 Satz 1 GG) erhebliche Zweifel. Letztlich wird der Mensch durch die Rückkehrpflicht einem nicht notwendigen Schadstoffausstoß ausgesetzt, der nur dem Zweck dient, die Unterscheidung zweier dem PBefG unterliegender Verkehrsarten aufrechtzuerhalten.[50] Einer verfassungsrechtlichen Legitimation scheint es an dieser Stelle zu fehlen. Es ließe sich wohl legitimieren, würde die Rückkehrpflicht nur auf elektronisch betriebene Fahrzeuge angewendet werden, die zu einem geringeren, bzw. gar keinem Schadstoffausstoß führen; allerdings wäre diese (eigentlich vorzugswürdigende) Motorisierung sodann letztlich benachteiligt, anstatt (wie sinnvollerweise) privilegiert. Insgesamt ist die Rückkehrpflicht daher unter verfassungsrechtlichen Aspekten kein probates Mittel, um die Differenzierung beider Verkehrsarten aufrechtzuerhalten. In diesem Sinne sollte bzw. müsste erwogen werden (sollte der Gesetzgeber per se an einer Unterscheidung der Verkehrsarten festhalten wollen), die Differenzierung auf andere Weise zu gewährleisten.

VI. Die Preisregulierung

Darüber hinaus ist die Landesregierung im Bereich des Taxenverkehrs ermächtigt, durch Rechtsverordnung Beförderungsentgelte und -bedingungen für den Taxenverkehr festzusetzen (§ 51 Abs. 1 Satz 1 PBefG). Nun können für Fahrten auf vorherige Bestellung (bspw. Fahrten vom oder

---

49 BVerfG, NVwZ 1986, 911 (911); BVerfGE 81, 70 (84 f.).
50 *Gleich* (Fn. 1), S. 139.

zum Flughafen, Bahnhof oder Messegelände) Festpreise bestimmt oder Regelungen über Mindest- und Höchstpreise getroffen werden, innerhalb derer das Beförderungsentgelt vor Fahrtantritt frei zu vereinbaren ist (§ 51 Abs. 1 Satz 3 PBefG). Zudem kann die Genehmigungsbehörde zum Schutz der öffentlichen Verkehrsinteressen für den Verkehr mit Mietwagen, der in ihrem Bezirk betrieben wird, tarifbezogene Regelungen, insbesondere Mindestbeförderungsentgelte, festlegen (§ 51a Abs. 1 PBefG). Darüber hinaus muss die Genehmigungsbehörde für den gebündelten Bedarfsverkehr Regelungen über Mindestbeförderungsentgelte vorsehen, die einen hinreichenden Abstand zu den Beförderungsentgelten des jeweiligen öffentlichen Personennahverkehrs sicherstellen (§ 51a Abs. 2 Satz 1 PBefG). Die einfachgesetzliche Regulierung der Preise ist verfassungsrechtlich nicht zu beanstanden. Insoweit genügen zur Rechtfertigung der Berufsausübungsregelungen bereits vernünftige Erwägungen des Gemeinwohls.

E. Fazit

Zwar ist die Novellierung des PBefG verfassungsrechtlich in weiten Teilen gelungen, insgesamt hätte der Gesetzgeber jedoch noch mehr dem freiheitssichernden Charakter der Berufsfreiheit durch entsprechende Liberalisierungen Rechnung tragen können. Gleiches gilt im Hinblick auf den Umweltschutz und die daraus resultierenden Gefahren für das Leben und die körperliche Unversehrtheit der Menschen. Darüber hinaus wird sich im Hinblick auf den sog. Klima-Beschluss des Bundesverfassungsgerichts, wonach die Vereinbarkeit mit Art. 20a GG Voraussetzung für die verfassungsrechtliche Rechtfertigung staatlicher Eingriffe in Grundrechte ist, zeigen, ob sich hierin nicht zudem weitere Einschränkungen aber auch Liberalisierungen für den Bereich des Verkehrsmarkts ergeben.

Zunächst wäre denkbar, den strengen Typenzwang des PBefG einer weitergehenden Lockerung zu unterziehen, um die Berufsfreiheit nicht über Gebühr einzuschränken und somit dem freiheitssichernden Charakter des Art. 12 Abs. 1 GG vollumfänglich gerecht zu werden. Insoweit sind die „öffentlichen Verkehrsinteressen" im Rahmen der Genehmigungserteilung als sinnvoller Maßstab etabliert, um etwaigen Gefahren für die Existenz und die Funktionsfähigkeit des daseinsvorsorgerelevanten Verkehrs ausreichend Rechnung zu tragen.[51] Angesichts der Notwendigkeit des ÖPNV als

---

51 *Knauff*, Die Verwaltung 53 (2020), 347 (364); *Gleich* (Fn. 1), S. 128 ff.

Dr. Manuel Gleich

Mittel und Zweck zur Teilhabe am wirtschaftlichen, kulturellen und sozialen Leben ist es zudem ratsam, nicht qua einfachgesetzlicher Normierung einzelne Verkehrsarten explizit aus dem Katalog der öffentlichen Verkehrsmittel auszuschließen, wenn diese gleichwohl geeignet sind, diese Aufgaben wahrzunehmen und zu erfüllen. Überdies ist denkbar, generell solche Verkehrsunternehmer zu privilegieren, die ihre Verkehrsdienstleistungen mit schadstoffarmen bzw. elektrisch betriebenen Fahrzeugen ausführen, anstatt die Rechte und Pflichten ausschließlich an die spezifische Verkehrsart zu koppeln. Hierdurch könnte ein Beitrag zur Verkehrswende geleistet werden. Zudem ließen sich Grundrechtbeeinträchtigungen von Verkehrsunternehmern, die diese Voraussetzungen nicht erfüllen, unter Berufung auf den Umweltschutz und die Beeinträchtigungen von körperlicher Unversehrtheit und ggfs. Leben infolge der Immissionen verfassungsrechtlich (leichter) legitimieren.

Klimaschutz und Nachhaltigkeit im Verkehr als neues Ziel des PBefG

*Prof. Dr. Ekkehard Hofmann**

A. Einführung: Der ÖPNV als Baustein einer Verkehrsgestaltung in Zeiten des Klimawandels

Auch wenn im Grundsatz unbestritten ist, dass im Verkehrssektor der motorisierte Individualverkehr zusammen mit dem Verkehr mit schweren Nutzfahrzeugen die klimaschädlichsten Verkehrsarten darstellen, solange diese Verkehre unter Verwendung fossiler Treibstoffe abgewickelt werden, ist es doch nur dann aussichtsreich, hier durchgreifende Änderungen etwa in Gestalt einer effektiven Bepreisung durchzusetzen, wenn auch attraktive Alternativen zur Verfügung stehen. Zu diesen zählt im Personenverkehr ganz eindeutig der ÖPNV. Es wäre in einer solchen Perspektive widersinnig, den ÖPNV von umweltpolitischen und -rechtlichen Bindungen freizustellen, nur weil er gegenüber dem MIV prinzipiell vorzuziehen ist. Jedenfalls verlangt das nun reformierte Personenbeförderungsgesetz im Konzert mit anderen einschlägigen Vorschriften wie dem Gesetz über die Beschaffung sauberer Fahrzeuge[1] und anderer die Berücksichtigung von Klimaschutz und Nachhaltigkeit (insbesondere § 1a PBefG).

Die Hinzufügung dieser Berücksichtigungspflicht kann nicht angemessen gewürdigt werden, hält man sich den tatsächlichen Hintergrund der Klimakrise nicht vor Augen (sogleich I. und II.). In rechtlicher Hinsicht ist der Begriff des Berücksichtigens, der nicht nur in § 1a PBefG, sondern auch in weiteren Bestimmungen des Gesetzes und in anderen, übergreifenden Normen Verwendung findet (wie etwa in § 13 KSG), im Lichte des Klimaschutzbeschlusses des Bundesverfassungsgerichts vom 24. März 2021 zu betrachten (B.). Schließlich soll diese Untersuchung klären, wie die Begriffe des Klimaschutzes und der Nachhaltigkeit im Personenbeförderungsgesetz zu verstehen sind (C.).

---

* Der Verfasser ist Inhaber des Lehrstuhls für öffentliches Recht, insbesondere Umweltrecht an der Universität Trier.
1 G. über die Beschaffung sauberer Fahrzeuge v. 9.6.2021, BGBl. I 2021, S. 1691.

Prof. Dr. Ekkehard Hofmann

I. Die Klimakrise: aktueller Stand

Die Änderungen des PBefG im Jahre 2021 fallen in eine Zeit, in der die drohende Erderwärmung dringenden Handlungsdruck erzeugt. Verlässt man sich auf die Erkenntnisse der internationalen Klimawissenschaft, korreliert mit einer bestimmten Konzentration von Treibhausgasen in der Atmosphäre eine Erhöhung der globalen Durchschnittstemperatur.[2] Will man das Ziel des Pariser Übereinkommens, eine Erwärmung der Erde um mehr als 1,5 Grad Celsius, wenigstens aber deutlich weniger als 2 Grad Celsius zu verhindern,[3] nicht aufgeben, stehen der Menschheit noch 600 bis maximal 800 Gt an CO_2-Äquivalenten zur Verfügung. Je später der Versuch gestartet wird, einen Pfad zur Klimaneutralität zu finden, desto drastischer müssen die Maßnahmen sein, sollen sie zum Erfolg führen. Die nächsten 10 Jahre sind dafür entscheidend.

Genauso muss man sich vor Augen halten: je später die Menschheit beginnt, effektive THG-Reduktionsmaßnahmen zu ergreifen, desto höher werden die Kosten der Bewältigung des Klimawandels ausfallen.[4] Da ist es (nur) ein gewisser Trost, dass zwischen THG-Konzentrationen in der Atmosphäre und ihrer durchschnittlichen Erwärmung ein linearer Zusammenhang zu bestehen scheint, der als solcher nicht durch Kipppunkte verschärft wird.[5] Allerdings besteht die Besorgnis, dass die Entwicklung der Auswirkungen der Erwärmung durchaus von Kipppunkten geprägt sein könnte. Insgesamt könnte die Dringlichkeit internationaler Bemühungen zur Abwendung der schlimmsten Szenarien nicht größer sein.

II. Schlussfolgerungen für den Verkehrssektor und den ÖPNV

Das bedeutet vor allem, dass eine globale Antwort auf die Bedrohungslage gefunden werden muss; ohne abgestimmtes Handeln und Einbeziehung

---

2 Grundlegend *Intergovernmental Panel on Climate Change (IPCC)*, Climate Change 2014: Synthesis Report 5, 2014; *IPCC*, Special Report on the Ocean and the Cryosphere, 2019; aktuell: *IPCC*, Special Report on Climate Change and Land, January 2020; *IPCC*, Climate Change 2022. Impacts, Adaptation and Vulnerability, 2022; der IPCC Synthesis Report 6 erscheint 2022.
3 Art. 2 Abs. 1 lit. a) Pariser Übereinkommen.
4 *Figueres/Schellnhuber/Whiteman/Rockström/Hobley/Rahmstorf*, Three years to safeguard our climate, Nature 546, 593–595 (29 June 2017).
5 Nachweise s. *SRU*, Demokratisch regieren in ökologischen Grenzen – Zur Legitimation von Umweltpolitik, Sondergutachten, 2019, S. 36.

von China, Indien und den Vereinigten Staaten von Amerika wird keine durchgreifende Reduzierung von Treibhausgasemissionen zu erreichen sein. Hier ist die deutsche Politik bislang auffällig national orientiert, sieht man einmal von Bekenntnissen ab, die Bemühungen der EU-Kommission in diesem Bereich zu unterstützen.[6] Es spricht allerdings auch viel dafür, mit gutem Beispiel voranzugehen und als Industrieland nach wirksamen Möglichkeiten zur Transformation der Gesellschaft hin zu einer klimaneutralen Wirtschaftsweise zu suchen.

Der Verkehrssektor muss in diesem Sinne Gegenstand einer Verkehrswende werden; seit Jahrzehnten entwickeln sich die Fahrleistungen und damit auch die Treibhausgasemissionen des Verkehrssektors stetig nach oben. Das kann nicht so bleiben, und auch wenn der motorisierte Individualverkehr wie auch der Schwerlastverkehr mit Lastkraftwagen hier sicher die größten Verursacher von Kohlendioxidemissionen darstellen, darf der Bereich des ÖPNV nicht einfach übersehen werden. Auch Busse und Bahnen sind bis 2045 klimaneutral zu betreiben, will man das Klimaschutzgebot des Pariser Übereinkommens verwirklichen. Das gilt schon aus verfassungsrechtlichen Gründen, die durch den Klimaschutzbeschluss des Bundesverfassungsgerichts vom März 2021 deutlich konturiert und verschärft worden sind (B.). Die Reform des Personenbeförderungsgesetzes ist daher im Lichte dieser Vorgaben zu würdigen (C.).

B. Verfassungsrechtliche Vorgaben

Das Personenbeförderungsgesetz sanktioniert mit verschiedenen staatlichen Entscheidungen die Emission von Treibhausgasen; wird etwa eine Buslinie oder eine Straßenbahnverbindung zugelassen oder baulich vorbereitet, führt das im weiteren Geschehensablauf zur Verursachung der Emissionen. Sein Regelungsansatz muss daher den Anforderungen der Verfassung entsprechen. Mit dem Klimaschutzbeschluss hat sich deren Gehalt erheblich verändert.

---

6 SPD/Grüne/FDP, Koalitionsvertrag 2021-2025, 2021, S. 25 (EU-weiter Grenzausgleichsmechanismus), 62 (Stärkung des bestehenden Emissionshandels und Schaffung eines ETS 2), 63 (internationaler Klimaclub).

Prof. Dr. Ekkehard Hofmann

I. THG-Reduzierungsgebot

War Art. 20a GG bislang lediglich ein Staatsziel mit geringer funktionaler Bedeutung, so versteht das Bundesverfassungsgericht die Vorschrift nunmehr als Pflicht, die mit Hilfe grundrechtlich fundierter subjektiv einklagbarer Ansprüche auf staatliches Handeln durchgesetzt werden können;[7] bleibt der Staat hinter den Anforderungen der Bestimmung an den Schutz der natürlichen Lebensgrundlagen auch in Verantwortung für künftige Generationen zurück, so kann nunmehr mit dem Instrument der Verfassungsbeschwerde eine entsprechende Grundrechtsverletzung durch so genannte eingriffsähnliche Vorwirkungen gerügt werden.[8]

Das Bemerkenswerteste an der Konstruktion des Klimaschutzbeschlusses ist aber vielleicht, dass das Gericht die Verpflichtungen der Bundesrepublik Deutschland aus einem internationalen Vertrag, dem Pariser Übereinkommen, über Art. 20a GG ins nationale Verfassungsrecht „transformiert" hat; dessen Kernverpflichtung, als Vertragsstaat des Übereinkommens seinen Teil dazu beizutragen, dass die Erderwärmung nicht über 1,5 Grad Celsius, möglichst aber deutlich weniger als 2 Grad Celsius steigt, wird zum Inhalt der deutschen Verfassung.

Der Klimaschutzbeschluss geht aber noch einen Schritt weiter und folgt der Ansicht des International Panel on Climate Change (IPCC), zur Wahrung der Klimaschutzziele des Pariser Übereinkommens sei es erforderlich, unterhalb eines bezifferbaren globalen THG-Budgets zu bleiben. Das Bundesverfassungsgericht akzeptiert nicht nur diese Analyse, sondern führt sie auf der Grundlage der Überlegungen des Sachverständigenrates für Umweltfragen weiter,[9] indem es daraus ein nationales, noch zur Verfügung stehendes THG-Budget ableitet. Das ist alles nicht selbstverständlich, wird hier doch ein Feld wissenschaftlicher Erkenntnisgrenzen betreten, das gerade bei der Verteilung eines weltweit knappen Guts schwierige Fragen der historischen Verantwortung aufwirft, die das Pariser Übereinkommen nicht im Sinne einer Festlegung nationaler Budgets beantwortet. Insofern geht hier das Bundesverfassungsgericht mit seinen Schlussfolgerungen über die völkerrechtlichen Anforderungen weit hinaus.

---

7 BVerfG v. 24.3.2021, 1 BvR 2656/18 u.a., 4. LS.
8 BVerfG v. 24.3.2021, 1 BvR 2656/18 u.a., LS 2 e).
9 *SRU*, Für eine entschlossene Umweltpolitik in Deutschland und Europa, Umweltgutachten 2020, S. 52, 88, Rn. 111.

II. Der festgestellte Verfassungsverstoß und seine Reichweite

Um aber überhaupt zu den von den Beschwerdeführern begehrten Feststellungen zu gelangen, musste das Gericht einen Verfassungsverstoß „entdecken". Dieser lag nicht etwa in der Verletzung einer grundrechtlichen Schutzpflicht etwa mit Blick auf die zu erwartenden Auswirkungen des Klimawandels auch in Deutschland auf die Berufsausübung, den Wert von Eigentum oder die körperliche Unversehrtheit, sondern in der fehlenden Rechtfertigung einer vom Gericht monierten „eingriffsähnlichen Vorwirkung" der bis dato in Deutschland verfolgten Klimaschutzpolitik, namentlich in Gestalt des Bundes-Klimaschutzgesetzes. Zwar seien Schutzpflichten durchaus heranzuziehen, wenn es um langfristige Wirkungen staatlich gesetzter oder zumindest sanktionierter Ursachen des Klimawandels gehe. Sie seien aber nicht verletzt, da der Gesetzgeber nicht völlig unzureichende Maßnahmen ins Werk gesetzt habe.[10]

So blieb dem Gericht der Weg über die Schutzpflichten versperrt. Seine Begründung für die Annahme eines Verfassungsverstoßes, der dann zur Forderung nach einer anderen Klimaschutzpolitik führt, beschreitet Neuland: Ausgehend von der Prognose, dass der in Gestalt des KSG a.F. eingeschlagene Weg mit den Verpflichtungen des verfassungsrechtlich integrierten Pariser Übereinkommens sehr wahrscheinlich zu einer Verfehlung des Klimaneutralitätsziels führen wird, da das Gesetz das der Bundesrepublik Deutschland zur Verfügung stehende THG-Budget bis 2030 weitestgehend bereits aufbraucht und danach drastischste Maßnahmen ergriffen werden müssten, um das Budget dann doch noch einzuhalten, würdigt das Gericht den gewählten Weg als die staatliche Verursachung von ab dem Jahr 2030 zu erwartenden „eingriffsähnlichen Vorwirkungen".[11] Den im Jahr 2030 und danach in Deutschland lebenden Menschen drohten belastende Maßnahmen immensen Ausmaßes, die – das ist der entscheidende Punkt in der Argumentation des Bundesverfassungsgerichts – bei einer anderen, durchgreifenden und schnell wirksamen Klimapolitik vermeidbar und damit nicht erforderlich im verfassungsrechtlichen Sinne wären.[12] Dagegen verstießen § 3 Abs. 1 S. 2 und § 4 Abs. 1 S. 3 KSG a.F. in Verbindung mit Anlage 2 derzeit (!) nicht gegen das verfassungsrechtliche Klimaschutzgebot.[13]

---

10 BVerfG v. 24.3.2021, 1 BvR 2656/18 u.a., Rn. 144 ff., insb. 169.
11 BVerfG v. 24.3.2021, 1 BvR 2656/18 u.a., Rn. 183.
12 Ausführlich *Hofmann*, NVwZ 2021, 1587, 1589 l. Sp. f.
13 BVerfG v. 24.3.2021, 1 BvR 2656/18 u.a., Rn. 196.

Prof. Dr. Ekkehard Hofmann

III. Umsetzung durch das KSG n.F. (Anlagen 2 und 3)

Der Verfassungsverstoß des Gesetzgebers liege aber darin, keine den grundrechtlichen Anforderungen genügenden Regelungen über die Fortschreibung der Minderungsziele für den Zeitraum ab 2031 getroffen zu haben.[14] Hätte der Gesetzgeber dieses Monitum des Gerichts wörtlich genommen, so hätte er nur die Minderungsziele des KSG hinsichtlich des genannten Zeitraums ab dem Jahr 2031 anpassen müssen. Stattdessen hat er den ganzen Minderungspfad angepasst, der schon in den nächsten 10 Jahren erhebliche Reduzierungen vorsieht, um dann im Jahre 2045 Klimaneutralität zu verlangen.[15]

Das muss auch als folgerichtig begrüßt werden. Wenn denn die drohenden eingriffsähnlichen Vorwirkungen ab dem Jahr 2031 abgewendet werden sollen, wozu das Bundesverfassungsgericht den Gesetzgeber aufgefordert hat, muss man jetzt schon damit beginnen und nicht erst im Jahr 2030. Dass die THG-Emissionen der Bundesrepublik Deutschland alleine keinen Unterschied machen dürften und daher weitere internationale Anstrengungen erforderlich sein dürften, schmälert nicht die Aufgaben, die der nationale Gesetzgeber zu bewältigen hat, um Klimaneutralität im Geltungsbereich des Grundgesetzes zu erreichen. Im Kontext der nationalen Aufgaben bedarf es nicht nur der Vorgabe ambitionierter Ziele, sondern auch der Schaffung geeigneter Instrumente. Im Verkehrsbereich zählt dazu mit Sicherheit das nun reformierte Personenbeförderungsgesetz.

C. Verwaltungsrechtliche Implementation durch das neue PBefG

I. Zielsetzung (§ 1a PBefG)

Schon durch die Einfügung einer neuen Zielsetzung des Gesetzes stellt der Gesetzgeber den Zusammenhang zwischen der Umsetzung des Personenbeförderungsgesetzes und den vorstehend umrissenen verfassungsrechtlichen Anforderungen her. § 1a PBefG verlangt nun ganz generell bei Anwendung des Gesetzes die Berücksichtigung der Ziele des Klimaschutzes und der Nachhaltigkeit.

---

14 BVerfG v. 24.3.2021, 1 BvR 2656/18 u.a., Rn. 266.
15 KSG v. 12.12.2019 (BGBl. I S. 2513), geändert durch Artikel 1 des Gesetzes vom 18.8.2021 (BGBl. I S. 3905).

1. Klimaschutz im ÖPNV

Mit dem Bezug auf den Klimaschutz verbindet § 1a PBefG mit dem KSG und dessen Zielen, also auch und besonders mit dem Pfad zur Klimaneutralität im Verkehrssektor. Anlage 2 des KSG sieht insoweit vor, die Emissionen des Verkehrs von 150 Mio. Tonnen CO_2-Äquivalent im Jahr 2020 schrittweise auf 85 Mio. Tonnen im Jahr 2030 (also auf 56,66 % des Wertes von 2020) zu reduzieren. Für die Jahre ab 2031 bis 2040 gibt Anlage 3 nur ein Gesamtminderungsziel über alle Sektoren vor. Soweit Anlage 2 und damit die Jahre von 2020 bis 2030 betroffen sind, differenzieren die gesetzlichen Vorgaben nicht zwischen verschiedenen Verkehrsträgern, das Ziel gilt für den „Verkehr". Welche Emissionen überhaupt erfasst sind, regelt das KSG durch Einbeziehung der europäischen Vorschriften insbesondere der Europäischen Klimaberichterstattungsverordnung (Anlage 1 KSG). Die schwirigen Fragen der Abgrenzung grenzüberschreitender Emissionsverursachung wie etwa im Luftverkehr dürften für den ÖPNV keine große Rolle spielen.

Was jedoch der Klärung für die Anwendung des PBefG bedarf, ist die genaue Minderungsverpflichtung des ÖPNV angesichts der verschieden großen Anteile an den Emissionen im Bereich des Verkehrs, schaut man auf den ÖPNV einerseits und den MIV andererseits. Eine grob proportionale Betrachtung der THG-Emissionen des Verkehrssektors würde der jeweiligen aktuellen Verkehrsleistung, dem jeweiligen Minderungspotential und dem Endziel der Klimaneutralität Rechnung tragen können. Eine solche Herangehensweise könnte um mögliche Verschiebungen in der Zukunft durch einen Aufwuchs des prinzipiell klimafreundlicheren ÖPNV noch verfeinert werden. Aus dem Gesetz selbst folgt das nicht.

So begrüßenswert es zunächst also erscheinen mag, sektorspezifische Minderungsziele wie die für den Verkehr gesetzlich vorzugeben, so wenig konsequent ist es, dann keine weiteren Differenzierungen vorzunehmen. Darüber hinaus spricht gegen die sektorspezifischen Treibhausgasreduzierungsziele, dass es aus klimaschutzpolitischer Sicht gleichgültig ist, in welchem Sektor zu welcher Zeit wie viele Treibhausgase emittiert werden. Die erhoffte Steuerungsleistung des Klimaschutzgesetzes hat daher keine genuin klimaschutzpolitische Funktion, sondern allenfalls eine heuristische, die im besten Fall in der Lage ist, Investitionszyklen im Sinne der Minderungsziele zu beeinflussen.

Ist also auch der ÖPNV in der Pflicht, seinen Teil zur Reduzierung der Treibhausgasemissionen des Verkehrs beizutragen, muss das Auswirkungen auf die Auslegung des PBefG haben. Wo § 1a PBefG zur Berücksichtigung der Ziele des Klimaschutzes verpflichtet – wie schon § 13 KSG –, steckt darin mit dem Klimaschutzbeschluss des Bundesverfassungsgerichts und der verbindlichen Ziele des Pariser Übereinkommens mehr als eine bloße Pflicht zur Kenntnisnahme und ordentlicher Dokumentation der entsprechenden Erwägungen, die am Ende ohne Rechtsverstoß auch „weggewogen" werden können.[16] Dieses traditionelle Verständnis von „berücksichtigen" (etwa in § 4 Abs. 1 S. 1, 2 ROG; § 1 Abs. 6; 1a Abs. 5 BauGB) passt nicht auf die verfassungsrechtlichen Vorgaben, die zwar keinen unbedingten Vorrang des Klimaschutzes beinhalten,[17] jedoch verbindliche Ziele des Völkerrechts ins deutsche Verfassungsrecht übernehmen und dadurch verstärken. Eine bloße Berücksichtigung im schwachen planungsrechtlichen Sinne scheidet angesichts der Bedeutung des Klimaschutzrechts für die Lebensbedingungen der Menschheit, aber eben auch der deutschen Bevölkerung ersichtlich aus. Gefordert ist vielmehr folgendes:

a) Der Begriff des Berücksichtigens

„Berücksichtigen" kann im Grundsatz nur heißen, dass die Zulassung von Treibhausgasemissionen in der Form – auch in Gestalt der staatlichen Billigung der Emissionen durch Dritte – schwer rechtfertigungsbedürftig ist. In der Regel müssen Treibhausgasemissionen unterbleiben, will man den Pfad zur Klimaneutralität ernstnehmen, wie ihn Anlage 2 des KSG vorsieht. Sollen im Einzelfall Treibhausgasemissionen doch zugelassen werden, etwa weil die Versorgung mit Dienstleistungen des ÖPNV eine Aufgabe der Daseinsvorsorge ist und sie ein Element einer klimaneutralen Verkehrswende darstellen kann, so müsste im jeweiligen Kontext ermittelt werden, in welcher Höhe Treibhausgasemissionen zu erwarten sind. Soweit eine Umweltverträglichkeitsprüfung erforderlich ist, erfolgt diese Untersuchung in ihrem Rahmen, da zu den Schutzgütern des UVPG auch das Klima zählt (§ 2 Abs. 1 Ziff. 3 UVPG).

Darüber hinaus muss „berücksichtigen" auch heißen, dass nach klimaverträglicheren Alternativen – sei es bei der Fahrzeugbeschaffung nach dem Saubere-Fahrzeuge-Beschaffungsgesetz[18] oder bei der Gestaltung der Verkehrsbedienung im Rahmen des Nahverkehrsplans nach § 8 Abs. 3 S. 2

---

16 Für Viele: Den Belangen des Klimaschutzes kommt kein Vorrang in der Abwägung zu, *Rixner/Biedermann/Charlier* in: dies., Systematischer Praxiskommentar BauGB/BauNVO, 3. Aufl. 2018, § 1a BauGB Rn. 28.
17 BVerfG v. 24.3.2021, 1 BvR 2656/18 u.a., Rn. 198.
18 G. über die Beschaffung sauberer Fahrzeuge v. 9.6.2021, BGBl. I 2021, S. 1691.

PBefG – gesucht werden muss.[19] Für die Ermessensbetätigung ist das schon deshalb geboten, weil andernfalls ein Ermessensdefizit zu beklagen wäre. Für die Nutzung von Spielräumen infolge semantischer Vagheiten („unbestimmte Rechtsbegriffe") gilt es aus verfassungsrechtlichen Gründen ebenso. Und schließlich muss das „Berücksichtigen" zu einer Rechtfertigung der verbleibenden THG-Emissionen führen, die plausibel darlegt, wieso der gewählte Weg mit dem Pfad zur Klimaneutralität des ÖPNV im Jahre 2045 (§ 3 Abs. 2 KSG) vereinbar sein soll.

Die vorstehenden Überlegungen verkennt das Bundesverwaltungsgericht, wenn es mit seinem Urteil vom 4. Mai 2022 urteilt, schon aus dem Vergleich mit § 13 Abs. 2 KSG ergebe sich, dass der Gesetzgeber mit dem Begriff des „Berücksichtigens" im Rahmen von § 13 Abs. 1 KSG dem Klimaschutz keinen größeren Vorrang geben wollte als sonst auch.[20] Erstens stellen beide Absätze des § 13 KSG die Klimaschutzziele aus § 3 KSG nicht in Frage, sondern dienen ihrer Durchsetzung. Eine Relativierung der Zielerreichung ist nicht zu erkennen. Und zweitens kommt es nicht nur darauf an, was der Gesetzgeber gesagt hat, sondern auch darauf, wie er verfassungskonform zu verstehen ist – und das hat sich mit dem Klimaschutzbeschluss des Bundesverfassungsgerichts erheblich geändert.

b) Schlussfolgerungen

Damit ergibt die verfassungskonforme Interpretation des PBefG ein Ergebnis, das quer zu dem bisher üblichen Verständnis von „berücksichtigen" steht. Alles in allem wäre es ein Fehler, die Berücksichtigungspflicht des § 1a PBefG hinsichtlich des Klimaschutzes wegen der als einen Freibrief für die Fortführung der Praxis ohne deutliche Kursänderung in Richtung auf einen klimaneutralen ÖPNV zu verstehen. Nur eine verfassungsrechtlich informierte Heranziehung des Begriffs der Berücksichtigung im eben umrissenen und sicher noch der Verfeinerung bedürftigen Sinne wird den Anforderungen höherrangigen Rechts gerecht.

---

19 Zur Alternativenermittlungspflicht BVerwG v. 14.3.2018, 4 A 5/17, NVwZ 2018, 1322, 1328 r. Sp. (mit Anmerkung *Kment*).
20 BVerwG v. 4.5.2022, 9 A 7.21, https://www.bverwg.de/de/040522U9A7.21.0, Rn. 86 f.

Prof. Dr. Ekkehard Hofmann

2. *Nachhaltigkeit im ÖPNV*

Neben den Klimaschutz stellt § 1a PBefG die Ziele der Nachhaltigkeit. Das Nachhaltigkeitsgebot der Brundtland-Kommission ist bekanntlich darauf gerichtet, die Belange der Ökologie, der Ökonomie und des Sozialen in einer mittel- und langfristigen Perspektive zu einem harmonischen Ausgleich zu führen.[21] Das wäre in seiner Gesamtheit für das Personenbeförderungsgesetz ein vielleicht zu anspruchsvolles Ziel. Soweit jedoch Ermessensentscheidungen getroffen werden müssen – wie etwa bei der Planfeststellung von Straßenbahnlinien (§ 28 PBefG) – mahnt § 1a PBefG die umfassende Ermittlung und Gewichtung aller Belange der unter den Nachhaltigkeitsbegriff fallenden Gesichtspunkte an. Da das Abwägungsgebot dies ohnehin im Rahmen der Amtsermittlung nach § 24 VwVfG tut, erscheint dies insoweit jedoch rein deklaratorischer, appellativer Natur.

Was der Bezug auf die Ziele der Nachhaltigkeit aber jedenfalls zum Maßstab des PBefG selbst erklärt, ist die Betrachtung langfristiger Auswirkungen der im Rahmen des PBefG zu treffenden Entscheidungen mit Blick auf das geltende Naturschutzrecht. Dieses schützt vor allem die Biodiversität, die wie der Klimaschutz auf die Wahrung einer der „planetary boundaries" gerichtet ist.[22] Rechtlich kann es strikte Ermessensgrenzen wie Planungsleitsätze, Optimierungsgebote oder auch nur Ermittlungspflichten mit sich bringen, die dann über § 1a PBefG von Anfang an in das Entscheidungsprogramm des Gesetzes einbezogen werden müssen. Das ist durchaus eine beachtliche Neuerung, die zwar nichts am Gehalt des materiellen Rechts ändert, jedoch Einfluss auf die Entscheidungsfindung in der Hand der Verkehrsbehörden haben soll und vermutlich auch mittelfristig haben wird. Die Bundesregierung verspricht sich jedenfalls eine stärkere Sensibilisierung der Akteure für eine nachhaltige und umweltorientierte Personenbeförderung im Geltungsbereich des PBefG.[23] Es macht schon einen Unterschied, ob Umweltbelange – hier: die Belange des Naturschut-

---

21 United Nations, Report of the World Commission on Environment and Development, „Our Common Future" (Brundtland Bericht"), 1987, S. 37 („Nachhaltige Entwicklung ist Entwicklung, die die Bedürfnisse der Gegenwart befriedigt, ohne zu riskieren, dass zukünftige Generationen ihre eigenen Bedürfnisse nicht befriedigen können").
22 *Steffen/Richardson/Rockström/Cornell/Fetzer/Bennett/Biggs/Carpenter/de Vries/de Wit/ Folke/Gerten/Heinke/Mace/Persson/Ramanathan/Reyers/Sörlin*, Planetary boundaries: Guiding human development on a changing planet, Science, 13 February 2015 Vol. 347 Issue 6223, p. 736 ff.
23 Bundesregierung, Referentenentwurf eines Gesetzes zur Modernisierung des Personenbeförderungsrechts, 3.11.2020, S. 26.

zes – alleine nachträglich und von außen an das Personenbeförderungsgesetz herangetragen werden, oder ob sie zum integralen Bestandteil des Entscheidungsprogrammes werden.

II. Anforderungen an die Verkehrsbedienung (§ 8 PBefG)

Nach § 8 Abs. 3 S. 1 PBefG sind für die Sicherstellung einer ausreichenden, den Grundsätzen des Klimaschutzes und der Nachhaltigkeit entsprechenden Bedienung der Bevölkerung mit Verkehrsleistungen im öffentlichen Personennahverkehr die von den Ländern benannten Behörden (Aufgabenträger) zuständig. Die Vorschrift hat den Sinn, die Kompetenzen für die Aufgabe der hinreichenden Verkehrsbedienung auf die Länder zu übertragen. Es ist hier nicht der Ort, dies angesichts des Fehlens einer bundeseinheitlichen Finanzierung und der zum Teil schwierigen länderübergreifenden Zusammenarbeit kritisch zu analysieren. In materiell-rechtlicher Hinsicht ändert die Bestimmung nichts: es bleibt bei den Anforderungen auch an den Nahverkehrsplan nach § 8 Abs. 3 S. 2 PBefG, bei der Wahrnehmung der Aufgabe die Ziele des Klimaschutzes und der Nachhaltigkeit zu berücksichtigen.

Gerade der Nahverkehrsplan bietet den Aufgabenträgern erhebliche Möglichkeiten zur klima- und nachhaltigkeitsgerechten Ausgestaltung des ÖPNV, gibt er doch Anlass zu einer integrierten Verkehrsplanung über die verschiedenen Verkehrsträger hinweg. Noch zielführender wäre es möglicherweise, dies gleich auf Ebene des Bundes zu tun.[24]

III. Monitoring bei gebündelten Verkehren (§ 50 PBefG)

Schließlich verpflichtet § 50 Abs. 3 S. 3 PBefG den Aufgabenträger, im Zusammenhang mit dem gebündelten Bedarfsverkehr ein Monitoring zur Feststellung der Auswirkungen der Bündelungsquote auf die öffentlichen Verkehrsinteressen und auf Klimaschutz und Nachhaltigkeit durchzuführen. Gebündelter Bedarfsverkehr ist nach § 50 Abs. 1 S. 1 PBefG die Beförderung von Personen mit Personenkraftwagen, bei der mehrere Beförde-

---

24 *Hermes/Kramer/Weiß*, Entwurf eines Bundesmobilitätsgesetzes im Auftrag des VCD Deutschland e.V., 4. Februar 2022 (abrufbar unter https://www.vcd.org/filea dmin/user_upload/Redaktion/Themen/Bundesmobilitaetsgesetz/Hermes_Kramer _Weiss_Gesetzentwurf_BuMoG_final_nach_letzter_AEnderung.pdf).

rungsaufträge entlang ähnlicher Wegstrecken gebündelt ausgeführt werden. Dies darf als Flexibilisierung der Verkehrsangebote gerade im ländlichen Raum verstanden werden, wo die Durchführung eines reinen Linienverkehrs zu einer suboptimalen Verkehrsanbindung führen kann.[25] An den inhaltlichen Maßstäben des Monitorings, die auf die Erfüllung der Ziele des Klimaschutzes und der Nachhaltigkeit abstellen, ändert die Norm nichts.

D. Fazit

Nimmt man die Neuregelungen des Personenbeförderungsgesetzes 2021 zusammen, so hat sich der Gesetzgeber dazu entschlossen, dem bislang allein durch wirtschaftsverwaltungsrechtliche Strukturen, materiell-rechtliche Vorgaben und prozedurale Gestaltung geprägten Rechtsgebiet eine umweltrechtliche Komponente hinzuzufügen. Das ist für sich schon bemerkenswert, kann aber nicht darüber hinwegtäuschen, dass die Nutzung von Ermessens- und Auslegungsspielräumen schon bisher verfassungskonform erfolgen musste und daher die Hereinnahme eines Berücksichtigungsgebotes durch § 1a PBefG keinen materiell-rechtlichen Unterschied macht. Allerdings ist nicht ausgeschlossen, dass die angestrebte Sensibilisierung für die Umweltauswirkungen des ÖPNV einen gewissen Einfluss auf die Handhabung des Gesetzes hat.

Entscheidend wird dafür aber sein, wie der Begriff des „Berücksichtigens" im Rahmen von § 1a PBefG verstanden wird. Das Personenbeförderungsgesetz geht hier nicht über die Vorgaben des KSG hinaus, das ebenfalls von den Trägern öffentlicher Aufgaben lediglich verlangt, bei ihren Planungen und Entscheidungen den Zweck des KSG und die zu seiner Erfüllung festgelegten Ziele zu berücksichtigen (§ 13 Abs. 1 S. 1 KSG). Angesichts der verbindlichen Minderungspfade des KSG, wie sie nach dem Klimaschutzbeschluss des Bundesverfassungsgerichts festgelegt worden sind, kann auch ohne einen unbedingten Vorrang des Klimaschutzes mit vorstehenden Überlegungen das „Berücksichtigen" nur so verstanden werden, dass die Zulassung von Treibhausgasemissionen grundsätzlich unzulässig und nur im Ausnahmefall rechtfertigungsfähig ist.

Für den ÖPNV bedeutet dies, dass die Aufgabe der hinreichenden Versorgung der Bevölkerung mit Verkehrsdienstleistungen auch im Kon-

---

25 Bundesregierung, Referentenentwurf eines Gesetzes zur Modernisierung des Personenbeförderungsrechts, 3. 11. 2020, S. 34.

text der erforderlichen Verkehrswende durchaus rechtfertigungsfähig, aber eben auch rechtfertigungsbedürftig ist. Die Rechtfertigung kann nur gelingen, wenn das Ausmaß der zu erwartenden Treibausgasemissionen mit befriedigender Präzision ermittelt wird, Alternativen geprüft und am Ende dargelegt wird, dass und auf welchem Wege die verbleibenden Emissionen mit einem plausiblen Pfad zur Klimaneutralität vereinbar sind. Blieben die Anforderungen aus dem Berücksichtigungsgebot dahinter zurück, wäre das mit dem Klimaschutzbeschluss des Bundesverfassungsgerichts nur bei rabulistischer Auslegung zu vereinbaren, die darauf verweisen könnte, dass das Gericht die Schaffung neuer Begründungspflichten abgelehnt hat.[26] Das galt und gilt aber nur für den Gesetzgeber, nicht für die bei der Umsetzung des Personenbeförderungsgesetzes zuständige Verwaltung.

---

26 BVerfG v. 24.3.2021, 1 BvR 2656/18 u.a., Rn. 241.

Flexible Bedienform und Nahverkehrsplanung

*Dr. Felix Berschin**

A. Linien- vs. Gelegenheitsverkehr

Jenseits der Individualmobilität aus eigenem Antrieb und eigener Entscheidung wurden und werden Menschen schon immer befördert. Sei es die Sänfte, später die Kutsche oder bereits als frühes Massenverkehrsmittel das Schiff. Zu Lande wurden die Kutschen immer größer und zuletzt sogar auf Schienen gestellt. Gleichwohl hat sie auch als Premiumverkehrsmittel überlebt und findet sich im Taxibegriff wieder. 95.000 Fahrzeuge mit 4,9 Mrd. Euro Umsatz[1] deuten auf eine starke Branche hin. Tatsächlich steht aber traditionell der Taxi- und Mietwagenverkehr im Schatten des Busverkehrs. Allein dieser erwirtschaftet (ohne Reisebusse) geschätzt mit 71.000 Fahrzeugen fast das Doppelte mit 8,8 Mrd. Euro in Deutschland – vor allem wenn es um öffentliche Aufgaben geht.

Öffentlicher Personennahverkehr wurde erstmals 1996 im Zuge der Regionalisierung des DB-Schienenverkehrs gesetzlich in § 2 RegG bestimmt. Hier erfolgte eine Gleichsetzung mit dem Linienverkehr, obwohl es diesen Begriff nur im PBefG gibt[2], während beispielsweise das eigentlich auslösende Eisenbahnrecht nur Schienenpersonennahverkehr oder sogar Stadt-, Vorort- und Regionalverkehr kennt (§ 2 Nr. 12 und 16 bis 18 AEG. Hauptthema der Gesetze der Bahnreform schien v.a. die Abgrenzung anhand der Reiseweiten zu sein, was nahtlos an die bereits bestehenden Regelungen zur Umsatzsteuerermäßigung oder Schwerbehindertenfreifahrt anschloss: 50 km, die nun um die Grenze 1 Stunde erweitert wurde. Die Regelungen zur allgemeinen Zugänglichkeit einerseits und der Beschränkung auf den

---

* Der Verfasser war langjähriger Nahverkehrsberater in Heidelberg und ist nun Senior Expert bei Ramboll Deutschland, Berlin.
1 Geschäftsbericht 2019/20 Bundesverband Taxi und Mietwagen und www.taxipedia.info.
2 Zur Schifffahrt finden sich nur einzelne landesrechtliche Regelungen wie z.B. § 14 Hamburger Hafenverkehrs- und Schifffahrtsgesetzt, der den Linienverkehr mit Schiffen unter Erlaubnisvorbehalt stellt. § 21 LufVG kennt zwar noch den Begriff der Linie, „öffentlich und regelmäßig befördern", knüpft daran aber nur noch Regelungen des Verbraucherschutzes.

Linienverkehr andererseits und ein sich daraus möglicherweise ergebendes Spannungsverhältnis wurden nicht weiter diskutiert. Anlass hätte bereits die VO (EWG) Nr. 1191/69 gegeben, die in Art. 2 Abs. 3 als Verpflichtung des öffentlichen Dienstes die Betriebspflicht, im Sinne des Vorhaltens von Kontinuität, Verlässlichkeit und Kapazität von Strecken und „sonstigen Einrichtungen" definiert und die seit 1993 in Folge der VO (EWG) Nr. 1893/91 nun auch im Nahverkehr anzuwenden war.

Diese Schieflage mit der Gleichsetzung ÖPNV und Linienverkehr setzt sich trotz der bereits seit 1.1.1996 geltenden Regelung des § 8 Abs. 2 PBefG und gleichlautender Regelungen in vielen Landes-ÖPNV-Gesetzen in vielen Köpfen fest. ÖPNV sollte weiterhin (?) nur als die Summe aller Linienverkehre verstanden werden. Obwohl § 8 Abs. 2 PBefG auch die Verkehrsformen des Gelegenheitsverkehrs mit Taxen (§ 47 PBefG) und Mietwagen (§ 49 Abs. 4 PBefG) ausdrücklich als ÖPNV ansieht, sofern sie den „Linienverkehr"[3] verdichten, ergänzen oder ersetzen, hat die Praxis alles unternommen, diese Vorschrift leerlaufen zu lassen und es wurde am überkommenen Dualismus Linienverkehr = ÖPNV und Taxi/Mietwagen = Gelegenheitsverkehr und damit nicht ÖPNV festgehalten. Dies, obwohl das Bundesverfassungsgericht bereits 1960 den Taxenverkehr als öffentlichen Verkehr einsortierte[4]. Die Gleichung Linienverkehr = öffentlicher Verkehr zeigte sich besonders deutlich im Wittenberg-Urteil des Bundesverwaltungsgerichts[5]: Obwohl der Verkehr durch seine raumumfassende Bedienung die Merkmale des Gelegenheitsverkehrs erfüllte, bestand der zuständige Aufgabenträger auf Angebote in Form des Linienverkehrs.

In der Folge des Urteils lockerte der Bundesgesetzgeber die Genehmigungsfähigkeit nach § 2 Abs. 6 PBefG für atypische Verkehrsdienste, indem er den Zusatz „in besonders gelagerten Einzelfällen" strich, anstatt auf den bereits seit 16 Jahren bestehenden § 8 Abs. 2 PBefG zu verweisen. In dieselbe Richtung weisen die Vorschriften zu ÖPNV-Zuweisungen, die lediglich Kilometer im Linienverkehr gelten lassen wie § 2 Abs. 2 ÖPNVFinvVO Brb, § 5 Abs. 3 ÖPNV-VO BW, § 11 Abs. 2 Nr. 1 ÖPNVG NRW, § 8a Abs. 1 UA 2 ÖPNVG LSA und tendenziell § 2 Abs. 1 Nr. 3 ÖPNVFVO SH.: Angebotskilometer. Es mag sein, dass § 8 Abs. 2 PBefG in

---

3 Das PBefG kennt eigentlich nur den Linienverkehr mit Kraftfahrzeugen, während bei Straßenbahnen und Oberleitungsbussen per se unterstellt wird, dass sie nur in der Form des Linienverkehrs betrieben werden (können?). Dies ist zwar im Kontext der Spurführung richtig, begegnet aber bereits bei der Fahrplanpflicht gewissen Bedenken.
4 BVerfGE 8.6.1960, 1 BvL 53/55 u.a., BVerfGE 11, 168 Rn. 80.
5 BVerwG 12.12.2013, C 31.12, Rn. 27.

keiner Weise durch den Gesetzgeber untersetzt wurde, z.B. durch Anpassung der Genehmigungsverfahren für die genannten Verkehrsarten, die nun im ÖPNV ersetzend, ergänzend und verdichtend tätig sein sollten; aber es erstaunt, dass gerade im Kontext mit der Strapazierung des Linienverkehrs über § 2 Abs. 6 PBefG der andere Weg des § 8 Abs. 2 PBefG 25 Jahre lang keine Rolle spielte.

Offenbar aus schlechtem Gewissen hat der Gesetzgeber zum 1.8.2021 immerhin und nochmals den Taxenverkehr als Ergänzung zum ÖV hervorgehoben. Hierzu wurde aber nicht § 8 Abs. 2 PBefG angepasst oder gar in seiner praktischen Wirkung verstärkt, sondern vielmehr in einem Akt großer Gesetzeslyrik die Definition in § 2 RegG ergänzt. Taxenverkehr – aber nun nicht mehr Mietwagenverkehr – soll auch ÖPNV sein, wenn er eine zeitliche und/oder räumliche Unterversorgung beseitigt. Offenbar wollte man das „verdichten, ergänzen und ersetzen" nochmals anders formulieren. Gemäß Begründung sollte damit insbesondere auch die Finanzierung von Taxenverkehren durch Regionalisierungsmittel des Bundes ermöglicht werden[6], die allerdings auch schon zuvor möglich war. Auch wenn der Taxenverkehr wegen seiner Bedeutung für die öffentliche Versorgung von der ermäßigten Umsatzsteuer profitiert[7] und auch insoweit als ÖPNV gilt[8], konnte der Gelegenheitsverkehr als Bestandteil des ÖPNV nie Fuß fassen. In den Nahverkehrsplänen der Aufgabenträger kam er allenfalls als Subunternehmen von Linienverkehrs-Busbetreibern für die Bedienung einzelner schwach nachgefragter Fahrten oder auch für die Abdeckung von Anruf-Sammel-Taxi-Leistungen vor. Auch in den Verbandsstrukturen ist eine strikte Trennung zwischen Omnibusunternehmen und Taxi-/Mietwagenunternehmen festzustellen[9].

Die Distanz zwischen Omnibussen einerseits und die Taxi-/Mietwagenbranche andererseits wird auch durch divergierende technische Rechtsvorschriften groß gehalten und tendenziell auch vergrößert. So unterliegen der Fahrerlaubniserwerb von Kraftomnibussen (Führerscheinklasse D) sowie die Weiterbildung (Berufskraftfahrerqualifikation) und die Überwachung von Lenkzeiten und regelmäßige Überprüfungen der Befähigung ganz anderen Regelungen als im Bereich der Beförderung mit Personen-

---

6 BT Drs. 19/26175, S. 35, 54.
7 Vgl. BFH 2.7.2014, XI R 22/10, Rn. 49 f.
8 Zur umstrittenen Zuordnung zum Begriff siehe auch *Gabler*, Wirtschaftslexikon „ÖPNV".
9 Lediglich in Niedersachsen gibt es einen Gesamtverband des Verkehrsgewerbes (GVN). Aber auch hier sind Taxen-/Mietwagen einerseits und Omnibusse andererseits in getrennten Sparten organisiert ist.

kraftwagen. Die Fahrzeugvorschriften für Busse, insbesondere zur technischen Ausstattung, begünstigen Standardisierungen auf Größen mit 12, 15 und 18m, so dass sich zwischen dem PKW Kleinbus mit maximal 8 Fahrgastplätzen und dem Standardlinienbus (12m) mit ca. 90 Fahrgastplätzen eine große Lücke auftut. Entweder sind die Busse etwas verkürzte Standardbusse, die aber meist keinen preislichen Vorteil bieten oder die Fahrzeuge sind aufgebohrte und verlängerte PKW-Transporter, die aber auch oft wenig für eine qualitätsvolle Beförderung geeignet sind.

Ebenfalls keinen Schub für ein moderneres Verständnis von öffentlichem Verkehr brachte die VO (EG) Nr. 1370/2007, die europaweit nun einheitlich Kriterien für Markteingriffe der zuständigen Behörden festlegt. Obwohl die Definition des öffentlichen Personenverkehrs in Art. 2 lit. a) VO (EG) 1370/2007 mit den Tatbestandselementen „für die Allgemeinheit", „diskrimierungsfrei" und „fortlaufend" einen denkbar weiten Anwendungsbereich eröffnet[10], wird die Verordnung allgemein als auf den Linienverkehr beschränkt angesehen. Mit dazu trägt allerdings dort bei, dass sie an mehreren Stellen den aus dem Vergaberecht bekannten Begriff Verkehrsdienst mit Bussen (und Straßenbahnen) verwendet; dies allerdings immer nur in Abgrenzung zu Eisenbahnen, weshalb hieraus nicht auf den Ausschluss von Verkehrsdiensten mit PKW geschlussfolgert werden kann, zumal die Verordnung sich selbst für den gesamten Personenlandverkehr anwendbar sieht (Erwägungen 5 und 34).

B. On Demand nichts Neues

Abgesehen von dem neudeutschen Begriff „On-Demand" und der durch die Digitalisierung ermöglichten schnelleren und flexibleren Algorithmen ist die Bedarfsorientierung im öffentlichen Personenverkehr nichts Neues. Rufbus-Sammelsysteme wurden bereits in den siebziger Jahren als technologische Innovation erprobt (R-Bus Wunstorf und Friedrichshafen), konnten sich aber mangels Kommunikationsmittel nicht etablieren. Telefone waren knapp. Auch erforderten große Anmeldemengen viel Handarbeit, da die EDV-Systeme noch wenig leistungsfähig waren, so dass die damals wegweisenden Projekte bereits nach wenigen Jahren wieder auf

---

10 Dazu *Berschin*, in MüKo Europ. Wettbewerbsrecht, 4. Aufl. 2022, Art. 2 Rn. 16 ff. VO (EG) 1370/2007.

klassischen Linienverkehr zurechtgestutzt wurden und allenfalls in Randbereichen Bedarfselemente blieben.[11]

Direkter Ertrag war aber die teilweise Flexibilisierung im Linienverkehr (Aussteigerfahrten) und der stärkere Rückgriff auf Taxen (Anruf-Sammel-Taxi), letztere teilweise mit Haustürbedienung im Ausstieg. Weitere Systeme wie Flexibusse Mindelheim, Minicar Kornwestheim, Anrufbus Oderbruch, Komfortbus Taunusstein usw. entstanden alle mehr oder weniger im rechtlichen Graubereich und als Nischen. Zudem können zahlreiche lokale Initiativen im Bereich des Sammelns im Rahmen eines Sozialverkehrs festgestellt werden. Hierzu gehören auch die Bürgerbusprojekte, die nun in vielen Bundesländern gehypt werden. Von der Gesamtverkehrsbedeutung blieben diese Angebote gleichwohl unbedeutend und dienten meist als Abrundung, teilweise auch Alibi bei unzureichender ÖPNV-Erschließung. Besonders deutlich wird dies bei den Bürgerbusangeboten, die schon von ihrer Struktur her – Freiwilligkeit – kein verlässliches Angebot und damit keine Daseinsvorsorge schaffen können. Aber auch nachfrageabhängige ÖV-Angebote wurden und werden vielfach durch zahlreiche Zugangshürden wie unverhältnismäßige Anmeldezeiten, inkompetente Callcenter, Erheben von Zuschlägen, Bedienungsausschlüsse, Fördern von schlechtem Gewissen durch Kommunikation des Defizits je Fahrgast etc. zurückgedrängt.

C. Neue Rechtsgrundlagen

Mit § 44 PBefG (Linienbedarfsverkehr) und § 50 PBefG (gebündelter Bedarfsverkehr) liegen nun nach längerer Diskussion über die notwendige Modernisierung (und Digitalisierung?) im PBefG die Rechtsgrundlagen für bedarfsabhängige Sammelverkehre (endlich) vor. Das Inkrafttreten zum 1.8.2021 hat allerdings bislang wenig direkt auslösen können. Hauptgrund hierfür dürfte die COVID 19-Pandemie sein, die allgemein neue Geschäftsmodelle bremst, die zwingend auf Sammeln und damit Kontakte von Menschen angewiesen sind.

Unabhängig davon lösen aber die neuen Regelungen zahlreiche Folgefragen auf. Der Hauptgrund liegt darin, dass der Gesetzgeber zahlreiche Wünsche in vielen Worten niedergeschrieben hat und eine echte Systematisierung und damit Einordnung in ein klares Konzept der Verkehrsarten, Verkehrsformen und des ÖPNV unterblieb. So stellen sich nun die Fragen:

---

11 Siehe rückblickend *Mehlert/Schiefelbusch*, DER NAHVERKEHR 10/2018, S. 29 ff.

a) Ist im Rahmen von § 47 PBefG (Taxi) eine Sammelbeförderung unzulässig, weil hierfür die neue Verkehrsform gebündelter Bedarfsverkehr besteht? Bislang konnte aus dem Umkehrschluss zu § 49 Abs. 4 PBefG (Mietwagen, „Anmietung im Ganzen") gefolgert werden, dass ein Einzelplatzverkauf im Taxi durchaus möglich ist[12].

b) Ist § 8 Abs. 2 PBefG – insbesondere im Hinblick auf Sammeltransporte mit Taxi- oder gar Mietwagen - nun überflüssig, da mit § 44 PBefG eine bedarfsgesteuerte Verkehrsform vorliegt, die auch die Ergänzung/Ersatz/Verdichtung von Linienverkehren abdeckt und im eigenwirtschaftlichen Bereich auch gegenüber Taxi/Mietwagen nun mit dem gebündelten Bedarfsverkehr nach § 50 eine eigene Verkehrsform kreiert wurde? Ist ÖPNV – neben dem Linienverkehr mit Bussen, Straßenbahnen und O-Bussen – zwingend nur noch § 44 PBefG und darf die VO (EG) Nr. 1370/2007 nicht mehr im Wege von § 8 Abs. 2 PBefG auf Taxen- und Mietwagenverkehr angewandt werden?

c) Verbieten die zwingend vorzusehenden Ein-Ausstiegspunkte (virtuellen Haltestellen) im Rahmen des § 44 PBefG eine Haustürbedienung, die v.a. abends bzw. im Ausstieg heute im Rahmen von AnrufSammel-Taxen durchaus üblich ist?

d) Darf der Fahrpreiszuschlag im Rahmen der Linienbedarfsverkehre auch als Abgrenzung der § 44 PBefG-Verkehre gegenüber den bisherigen O-Bus-/Straßenbahn-/Omnibus-Linienverkehren verwandt werden und damit § 44 PBefG als eigenständige und damit in Wettbewerb zu § 42 PBefG-Linienverkehr tretende Verkehrsform gesehen werden? Können/sollen/müssen Zuschläge nach Räumen und Zeiten differenziert werden?

e) Sind Verkehre nach § 44 PBefG gegenüber dem „normalen" Linienverkehr nach § 42 PBefG privilegiert, da sie eine eigene Verkehrsform sind und somit speziellere Bedürfnisse wie z.B. haustürnahe, umsteigefreie Bedienung sicherstellen? Vergleiche hierzu die Sonderlinienformen nach § 43 PBefG und die dazu ergangene Rechtsprechung, die § 43

---

[12] Die Bestimmung eines vom Fahrgast festgelegten Ziels wird nach hiesiger Auffassung nicht durch die Überlagerungen von mehreren Zielen mit mehreren Fahrgästen unterlaufen, es bestimmt weiterhin der Fahrgast sein Ziel. § 38 BOKraft stünde dem nicht entgegen. Denn zum einen geht es hier nur um den Fahrweg als Grundlage der Entgeltbemessung (kürzester Weg) und es kann so verstanden werden, dass das jeweils nächste Ziel und der Weg dorthin vom Fahrgast bestimmt wird. Zudem könnte eine nachgelagerte Rechtsverordnung zum PBefG nicht die Verkehrsform an sich definieren. Für ein Verbot von Einzelplatzvermietung *Bidinger*, Personenbeförderungsrecht, § 47 Rn. 118.

einen eigenständigen Anwendungsbereich zubilligte und ihn nicht nur als Restverkehr ansah. Daher wurde auch ein Ausgestaltungsrecht des allgemeinen Linienverkehrs in die Bereiche der Sonderformen des Linienverkehrs mit ihren ganz speziellen Kundenbedürfnissen mit dem Argument Umgestaltung abgelehnt[13].

f) Und nicht zuletzt die zahlreichen Fragen im Kontext zu § 50 PBefG „gebündelter Bedarfsverkehr" wie Poolingquote, Größe Bedienungsgebiet/Beschränkung auf Gemeinde, Abstellstandorte, Nichtermöglichen von Doppelgenehmigungen und damit flexiblem Fahrzeugeinsatz, etwaigen Fahrzeugvorgaben Umweltschutz und Barrierefreiheit, Mindestfahrpreise/Höchstpreise.

Als sicher kann nur gelten, dass die Integration von flexiblen Bedienformen des Sammeltransports nun bevorzugt über den Linienbedarfsverkehr nach § 44 PBefG erfolgen kann und auch soll. Der gebündelte Bedarfsverkehr ist durch die divergierenden Formulierungen in §§ 44 und 50 PBefG, aber auch durch die Nichtaufnahme in § 8 Abs. 2 PBefG den Aufgabenträgern verschlossen. Ob und inwieweit rechtlich noch Raum bleibt, Taxen und Mietwagenverkehr über § 8 Abs. 2 PBefG für den ÖPNV nutzbar zu machen, ist nun auch rechtlich fraglich, nachdem es bereits politisch über Jahre ignoriert wurde.

Empirisch lässt sich bereits jetzt festhalten, dass die Anbieter wie IOKI, Clevershuttle, Door2Door oder Viavan, die durchweg auf kommerzielle Geschäftsmodelle im Rahmen eines gebündelten Bedarfsverkehrs gesetzt hatten, nun durchweg auf Aufträge und damit Zuschüsse der ÖPNV-Aufgabenträger setzen und sich damit offenbar auf die Verkehrsform des § 44 PBefG – Linienbedarfsverkehr – fokussieren.[14]

D. Folgen für die Nahverkehrsplanung

Die Aufstellung und Fortschreibung von Nahverkehrsplänen ist in nahezu allen Bundesländern eine Pflichtaufgabe. Nach § 8 Abs. 3 PBefG sind dort Umfang und Qualität des ÖPNV-Angebots niederzulegen. Zwar entsteht hieraus keine Vollzugsverpflichtung im Sinne der Initiierung und Aufrechterhaltung gemeinwirtschaftlicher Pflichten durch die Aufgabenträ-

---

13 *Heinze/Fehling/Fiedler*, Personenbeförderungsgesetz, 2. Aufl. § 13 PBefG Rn. 34.
14 So berichtet die On-Demand Tochter IOKI der DB auf ihrer Internetseite (24.9.2022) von bereits 70 realisierten Projekten – fast alle im Auftrag der öffentlichen ÖPNV-Aufgabenträger, einige wenige für private Firmen.

ger, aber immerhin strukturiert der Nahverkehrsplan bei Bewerberüberhang bezüglich kommerzieller Verkehre die Auswahlentscheidung, § 13 Abs. 2b PBefG. Zudem ist er sinnvollerweise Grundlage der durch die Aufgabenträger zu erstellenden Vorabbekanntmachungen, die die Zulässigkeit und Hürde kommerzieller Anträge markieren (§ 13 Abs. 2a PBefG) und einen mittelbaren Vollziehungsanspruch auslösen, da bei einer Unterschreitung des späteren gemeinwirtschaftlichen Angebots Antragsfristen für kommerzielle Verkehre wieder geöffnet werden (§ 12 Abs. 6 Satz 3 PBefG). Last, not least sind Nahverkehrspläne nützlich, um etwaige Ausnahmen von der Herstellung der vollständigen Barrierefreiheit ab 1.1.2022 rechtssicher zu normieren (§ 8 Abs. 3 Satz 4 PBefG).

Zwar geben die Landes-ÖPNV-Gesetze nur wenige Vorgaben zu Nahverkehrsplänen und stellen auch meist die Fortschreibung (Umfang und Rhythmus) in das Ermessen der Aufgabenträger, aber es gibt nun gute Gründe, den Nahverkehr im Sinne der Gestaltung von Linien- und Bedarfsverkehren umfassend zu gestalten. Schon der Verweis in § 44 PBefG auf im Nahverkehrsplan „festgelegte Beförderungsentgelte" deutet auf einen Regelungsbedarf hin. Zwar zielt § 44 PBefG bevorzugt auf gemeinwirtschaftliche On-Demand-Angebote als Linienbedarfsverkehre, ist aber regelungstechnisch in den Vorrang der Eigenwirtschaftlichkeit nach § 8 Abs. 4 PBefG eingebettet. Das heißt, dass es ohne Festlegung von Tarifen einen entsprechenden Gestaltungsspielraum für kommerzielle On-Demand-Anbieter gibt. Gerade eine geschickte Zuschlagsgestaltung könnte Verkehre ermöglichen, die eher in § 50 PBefG verortet wurden (und vielfach als Bedrohung angesehen wurden).

Des Weiteren können und sollen Aufgabenträger das Instrument der Vorabbekanntmachung nach § 8a Abs. 2 PBefG nutzen. Mit diesem Instrument ist es möglich, v.a. kommerzielle Verkehre auf Basis von Ausschließlichkeitsrechten zu stimulieren. Zwar erfordern diese auch einen öffentlichen Dienstleistungsauftrag und unterliegen damit den Vergabepflichten der VO (EG) Nr. 1370/2007, aber in der Kombination mit klassischen Linienverkehren lassen sich einerseits umfassend die Schnittstellen wie z.B. Zubringerfunktion, Übernahme von einzelnen schwach nachgefragten Fahrten und andererseits eigenständige Funktionen des Linienbedarfsverkehrs im Sinne eines Komfortbusses regeln. Letzterer könnte auf Basis höherer Preise (= Zuschläge!) Funktionen abdecken, die mit dem Linienverkehr nicht möglich und auch nicht sinnvoll sind. Hier geht es v.a. um haustürnahe Bedienungen, Gewährleistung von Umsteigefreiheit, Angebote zu Nachtstunden, Hilfe beim Ein- und Ausstieg, mehr Privatsphäre und allgemein mehr Komfort.

All dies gebietet, dass die Nahverkehrsplanung neu gedacht wird. Dies erfordert:

a) Die Kulturgrenze zwischen dem vermeintlich viel mehr den öffentlichen Interessen dienenden klassischen Nahverkehrsgewerbe und dem Taxi/Mietwagen-Gewerbe muss eingerissen werden. Dies betrifft v.a. im Taxi/Mietwagenbereich eine Professionalisierung, angepasstere Betriebsgrößen und nachhaltigere Lohnstrukturen. Entsprechende Vorgaben zu Leistungsfähigkeit der Unternehmen, Tariftreuevorgaben und Losgrößen bei Ausschreibungen der öffentlichen Hand, aber auch von Sozialversicherungsträgern würden dies unterstützen.

b) Die Sozialtransporte (Krankenkassen/Arztfahrten, aber auch Tagespflege, Seniorentaxi/Bürgerbusse) müssen integral mitbetrachtet und gebündelt werden. Hierbei bieten sich große Chancen, echte Barrierefreiheit herzustellen, da den Fahrgästen effektiv beim Ein-/Ausstieg geholfen werden kann und auch eine entsprechende Betreuung während der Fahrt erfolgen kann, dies schließt auch das Kompensieren von kognitiven Einschränkungen ein.

c) Zentrale Aufgabe ist eine Optimierung der Fahrzeug-/Personalvorhaltung und deren Auslastung durch Bündelung zu erreichen. Die bisherigen Technologien der digitalen Bündelung sind mangels differenzierter Kommunikation noch wenig geeignet, wesentliche Aufgaben müssen immer noch vom Menschen geleistet werden. So ist es meist nicht ausreichend, Fahrtwünsche nur „vorwärts" bzw. nur „rückwärts" (vorgegebene Ankunftszeit) zu optimieren, meist ist es eine Mischung aus beiden, zudem ist die Flexibilität der Fahrgäste unterschiedlich. Während Anschlüsse oder Termine fix sind, mag es bei Ankunft zu Hause oder beim Einkauf mehr Flexibilität geben. Zudem ist die Toleranz bezüglich Umwege oft unterschiedlich und die Bereitschaft dazu sogar ggf. abhängig von der Art der weiteren Mitfahrer.

Unter effektiver Bündelung mit den Sozialtransporten könnten die flexiblen Bedienformen Mobilitätsgarantien wie beispielsweise stündliche Fahrmöglichkeit in jeden Ort mit dem heutigen Finanzvolumen bereitstellen. Anders sind die Aufgaben der Verkehrswende einzuschätzen, die zum einen dichte und verlässliche Takte im Hauptnetz erfordern, was zum anderen durch ein hochwertiges On-Demand-Angebot für die typischen Einfamilien- oder auch Reihenhausgebiete ergänzt werden sollte. Hier ist aber offen und noch stärker zu evaluieren, welche Effekte sich auch durch andere Angebote wie E-Roller, Fahrrad etc. erzielen lassen.

Ebenfalls noch offen ist die Option paralleler hochwertiger ÖV-Systeme als Sammeltaxi - wie das Beispiel MOIA – in den Städten mit hinreichender Nachfrage und auch Zahlungsbereitschaft für ein Qualitätssystem. Allein die mögliche Reduktion von privaten PKW lässt dies als erstrebenswert erscheinen. Eine weitere Option ist die schrittweise Implementierung des autonomen Fahrens.[15] Der Preisabstand zum Linienverkehr/Basisangebot im ÖPNV ist eine kluge gesetzgeberische Entscheidung. Dagegen ist die Verneinung der ÖPNV-Eigenschaft in § 50 PBefG unverzeihlich und wird damit wohl zur weitgehenden Nichtanwendung dieses Paragrafen führen. Wenn sich On-Demand-Geschäftsmodelle etablieren, so kann dies mit dem gesetzgeberischen Rahmen nur sinnvoll innerhalb des ÖPNV erfolgen. Daher sollten dazu die Aufgabenträger aktiv die Nahverkehrsplanung betreiben.

Zwar mag die Studie der DB-Tochter Ioki „55 Mio. Einwohner ohne ausreichendem ÖPNV-Anschluss"[16] arg reißerisch sein, weist aber auf einen wunden Punkt der bisherigen ÖV-Planung hin: zu dünnes, zu kompliziertes und zu unflexibles Angebot mit einer Vielzahl von Linien, die oft durch Abweichungen für den Schüler- oder Berufsverkehr noch weniger verständlich werden. Vielfach fehlen Querverbindungen. Zudem sind häufig Wege zu und von den Haltestellen für eine zunehmend älter werdende Bevölkerung nicht mehr bewältigbar. Drei sehr gute Gründe, warum der klassische Linienverkehr massiv ergänzt werden sollte und sich auf seine Stärken der Bündelung von starken Relationen, am besten auf ausgebauten Trassen mit Vorrang, konzentrieren sollte.

E. Fazit

Insgesamt wird es also darum gehen, dass öffentlicher Verkehr noch stärker nicht irgendwie als Sammelsurium von hergebrachten Leistungen und gesetzlich inkonsequent definierten Verkehrsformen betrachtet wird, sondern aktiv die Frage beantwortet wird, wie kann ein Raum mit seinen Menschen hochwirksam erschlossen werden und die Bedürfnisse der Menschen möglichst gut umgesetzt werden? Letzteres eröffnet die Perspektive, dass es mehrere Angebotslevels geben kann und die Einheitslösung nicht die Antwort auf die drängenden Fragen hinreichender Pull-Faktoren zu Gunsten des öffentlichen Verkehrs sein kann. Ersteres bedeutet, ein Netz unter Einschluss raum- und zeitflexibler Verkehre zu bieten, die zur richti-

---

15 In diesem Kontext wird auf das umfassende Forschungsprojekt der Landeshauptstadt München „easyride" verwiesen: www.easyridemuenchen.de.
16 Siehe Pressemeldung Deutsche Bahn 27.10.2021.

gen Zeit am richtigen Ort sind. Dann im Kern ist öffentlicher Verkehr nicht eine Summe von Kilometern oder Linien, sondern ein System, welches Verkehrsoptionen jenseits des privaten Kraftfahrzeugs bereitstellt. Soll es effizient sein, wird es immer auf die richtige Bündelungsgröße ankommen. So wie es Verkehrsströme gab und gibt, die für die Eisenbahn zu dünn sind, gibt es viele, die auch für einen Bus nicht reichen. Vor allem die Fehler in der Siedlungs- und Gewerbestandortstruktur mit ihren zunehmenden tangentialen Verkehren lassen selbst in Ballungsräumen einen immensen Bedarf für Systeme erkennen, die mehr bieten als nur schnelle und direkte Verbindungen in ein Zentrum.

Genehmigungsvoraussetzungen und -wirkungen von Linienbedarfsverkehren

Prof. Dr. Andreas Saxinger[*]

A. Ablauf des Gesetzgebungsverfahrens der PBefG-Novelle 2021

In der im Herbst 2021 abgelaufenen 19. Legislaturperiode stellte die Modernisierung des Personenbeförderungsgesetzes (PBefG) ein wichtiges politisches Ziel dar. Aus diesem Grund fand sie bereits im Koalitionsvertrag für die 19. Legislaturperiode zwischen CDU, CSU und SPD vom 12.03.2018 an verschiedenen Stellen explizite Erwähnung.[1]

Erste Eckpunkte für eine Modernisierung des PBefG wurden vom Bundesminister für Verkehr und digitale Infrastruktur zur Jahreswende 2018/19 vorgestellt.[2] In der Folge konnte eine Findungskommission, die aus Vertretern des Bundesministeriums für Verkehr und digitale Infrastruktur (BMVI), der Koalitionsfraktionen, der Länder und des Verkehrsausschusses des Bundestages bestand, am 19.06.2020 mehrheitlich eine Einigung für eine gesetzliche Neuregelung des PBefG erzielen.[3] Auf dieser Basis erstellte das BMVI im November 2020 einen Referentenentwurf, den die Bundesregierung am 16.12.2020 beschloss.[4]

Der Bundesrat machte zu diesem Gesetzesentwurf der Bundesregierung in seiner Sitzung am 12.02.2021 Änderungsvorschläge,[5] welche die Bundesregierung am 24.02.2021 zu einer Gegenäußerung veranlassten.[6] Parallel dazu hatten die Koalitionsfraktionen von CDU, CSU und SPD den

---

[*] Der Verfasser ist Inhaber der Professur für Recht, insbesondere Immobilienrecht, an der Hochschule für Wirtschaft und Umwelt Nürtingen-Geislingen.
[1] Koalitionsvertrag zwischen CDU, CSU und SPD, 19. Legislaturperiode, S. 48, S. 121 f.
[2] Dazu eingehend *Haack/Dathe*, ZRP 2019, S. 81 ff.; *Faber*, IR 2019, S. 122 ff.
[3] Dazu eingehend *Baumeister/Berschin*, Verkehr und Technik 2020, S. 287 ff.
[4] Zum Beschluss vom 16.12.2020 *Koschmieder/Uwer*, ZRP 2021, S. 15. Kritisch hierzu *Antweiler/Liebschwager*, NVwZ 2021, S. 849 (856), die konstatieren, der „ganz große Wurf [sei] damit nicht gelungen, denn der Gesetzgeber war nicht dazu bereit, die „alten Zöpfe" des Personenbeförderungsrechts insgesamt abzuschneiden".
[5] BR-Drucks. 28/21 (Beschluss).
[6] BT-Drucks. 19/26819.

Regierungsentwurf im Wesentlichen inhaltsgleich als eigenen Gesetzesentwurf am 26.01.2021 in den Bundestag eingebracht.[7] Eine Beschlussempfehlung und ein Bericht des Ausschusses für Verkehr und digitale Infrastruktur vom 03.03.2021[8] führten noch zu partiellen Änderungen des ursprünglichen Gesetzesentwurfs. Auf der Basis dieser Beschlussempfehlung vom 03.03.2021 wurde schließlich am 05.03.2021 in zweiter und dritter Lesung im Bundestag das Gesetz zur Änderung des Personenbeförderungsrechts beschlossen. Diesem stimmte der Bundesrat am 26.03.2021 zu.[9]

Das Gesetz zur Änderung des Personenbeförderungsrechts vom 16.04.2021 wurde am 27.04.2021 im Bundesgesetzblatt verkündet.[10] Bis auf einige Ausnahmen ist es nach Art. 7 Abs. 1 am 01.08.2021 in Kraft getreten.

B. Linienbedarfsverkehr und Gebündelter Bedarfsverkehr als neue Beförderungstypen

Der wichtigste Auslöser[11] für die PBefG-Novelle 2021 waren alternative Bedienformen in der Personenbeförderung, die in den letzten Jahren immer stärker auf den deutschen Verkehrsmarkt drängten. Diese sind gekennzeichnet durch Verkehre auf Abruf durch die Fahrgäste (On Demand-Verkehre), die zu geteilten Nutzungen der Verkehrsleistungen (Ride Pooling) führen können. Die neuen Bedienformen entsprechen den sich ändernden Mobilitätsbedürfnissen der Menschen und sind eng mit aktuellen technischen Entwicklungen im Bereich der Digitalisierung verknüpft.[12]

Allerdings ließen sich die neuen Mobilitätsangebote den gesetzlich im PBefG abschließend in Form eines numerus clausus vorgegebenen Typen von Personenbeförderungsleistungen (§ 46 PBefG) oft nicht eindeutig zu-

---

7 BT-Drucks. 19/26175.
8 BT-Drucks. 19/27288.
9 BR-Drucks. 200/21.
10 Gesetz zur Modernisierung des Personenbeförderungsrechts v. 16.04.2021 (BGBl. I v. 27.04.2021, S. 822 ff.).
11 Zu weiteren Auslösern für die PBefG-Novelle vgl. die Gesetzesbegründung in BT-Drucks. 19/26175, S. 23.
12 Einzelheiten hierzu in: *Linke/Jürschik*, NZV 2018, S. 496 ff.; *Kment*, NVwZ 2020, S. 366 (367).

ordnen.[13] Eine Zuweisung entweder zum Linien- oder zum Gelegenheitsverkehr war schwierig, da sie Elemente beider Verkehrsarten enthalten.

Einen nur vorübergehenden Ausweg stellten die Vorschriften des § 2 Abs. 6 und Abs. 7 PBefG dar.[14] Danach war eine Zulassung neuer Mobilitätsangebote zur praktischen Erprobung möglich, allerdings lediglich für eine Höchstdauer von vier Jahren. Jenseits von § 2 Abs. 6 und Abs. 7 PBefG konnten aufgrund der eher restriktiven Vorgaben der Rechtsprechung des Bundesverwaltungsgerichts[15] die Anträge der Betreiber auf Genehmigung solcher neuen Personenbeförderungsleistungen nur nach der Verkehrsart bzw. Verkehrsform, der sie am meisten entsprachen, regulär genehmigt werden. Bei derartigen sog. typengemischten Verkehren bildete sich jedoch im Verlaufe der Zeit zwischen den unterschiedlichen Genehmigungsbehörden in Deutschland eine zum Teil divergierende Anwendungspraxis heraus. Diese führte zu Unsicherheiten bei den Betreibern der neuen Mobilitätsdienste.[16]

Aus diesem Grund wurden zwei neue Beförderungstypen in das PBefG eingeführt. Der Typenzwang des PBefG wurde damit nicht aufgegeben, sondern vom Gesetzgeber in verfeinerter Form an die veränderten Gegebenheiten des Mobilitätsmarktes angepasst.[17]

In § 44 PBefG wird der „Linienbedarfsverkehr" als neuer Typus verankert, der als Linienverkehr mit Kraftfahrzeugen nach § 42 PBefG gilt, obwohl er der Beförderung von Fahrgästen auf vorherige Bestellung ohne festen Linienweg zwischen bestimmten Einstiegs- und Ausstiegspunkten innerhalb eines festgelegten Gebietes und festgelegter Bedienzeiten dient. Der Linienbedarfsverkehr ist zwingend ein Bestandteil des ÖPNV und bedarf einer personenbeförderungsrechtlichen Linienverkehrsgenehmigung.

Die Erwartungen und Zielsetzungen des Gesetzgebers an die neue Verkehrsform des Linienbedarfsverkehrs in § 44 PBefG werden aus der Gesetzesbegründung deutlich. Demnach soll der Linienbedarfsverkehr die klassischen Linienverkehre ergänzen und das Verkehrsaufkommen im Linienverkehr steigern. Klassischer Linienverkehr soll nicht durch Linienbedarfs-

---

13 *Koschmieder/Uwer*, ZRP 2021, S. 15 (16), sahen im Typenzwang bis zur PBefG-Novelle 2021 eines der größten Entwicklungshemmnisse für den Markt der Car-Pooling-Angebote.
14 Eingehend dazu *Baumeister/Fiedler*, Verkehr und Technik 2019, S. 17 ff.; *Zeil/Prinz zur Lippe*, GewArch 2018, S. 405 (406 ff.).
15 BVerwG, Urt. v. 27.08.2015, 3 C 14/14; BVerwG, Urt. v. 12.12.2013, 3 C 30.12.
16 BT-Drucks. 19/27288, S. 2.
17 Ähnlich *Knauff*, GewArch 2021, S. 257.

verkehr mit kleineren Fahrzeugen ersetzt werden.[18] Der Gesetzgeber erwartet, dass Linienbedarfsverkehre vorwiegend in Städten mit mehr als 200.000 Einwohnern eingerichtet werden.[19] Aber auch in eher ländlich geprägten Regionen, in denen das Mobilitätsangebot vergleichsweise schwächer ausgeprägt ist, kann nach Ansicht des Gesetzgebers der Linienbedarfsverkehr in Ergänzung zum Öffentlichen Personennahverkehr einen entscheidenden Beitrag zur Schließung von Mobilitätslücken leisten. Damit sollen insbesondere mit Mobilitätsdienstleistungen unterdurchschnittlich erschlossene Regionen, Kreise und Gemeinden in ihrer Anbindung bundesweit einheitlich gestärkt werden.[20]

Weiterhin wird in § 50 PBefG der „Gebündelte Bedarfsverkehr" als neuer Beförderungstyp des Gelegenheitsverkehrs definiert. Bei diesem werden Personen mit Personenkraftwagen befördert, wobei mehrere Beförderungsaufträge entlang ähnlicher Wegstrecken gebündelt ausgeführt werden. Die Aufträge darf der Unternehmer ausschließlich auf vorherige Bestellung ausführen. Damit will der Gesetzgeber auch außerhalb des Bereichs des ÖPNV für neue Bedienformen im Bereich der geteilten Nutzungen eine reguläre Genehmigungsfähigkeit ermöglichen (§ 2 Abs. 1 Satz 1 Nr. 4 i.V.m. § 46 Abs. 2 Nr. 4 PBefG).

Im Folgenden soll der Linienbedarfsverkehr näher untersucht werden, insbesondere welche Merkmale ihn kennzeichnen sowie welche Voraussetzungen und Wirkungen mit einer Genehmigung für einen Linienbedarfsverkehr verbunden sind.

C. *Kennzeichen von Linienbedarfsverkehren*

I. *Legaldefinition*

In § 44 Satz 1 PBefG findet sich eine Legaldefinition des Linienbedarfsverkehrs. „Als Linienverkehr gemäß § 42, der öffentlicher Personennahverkehr gemäß § 8 Abs. 1 ist, gilt auch der Verkehr, der der Beförderung von Fahrgästen auf vorherige Bestellung ohne festen Linienweg zwischen bestimmten Einstiegs- und Ausstiegspunkten innerhalb eines festgelegten Gebietes und festgelegter Bedienzeiten dient (Linienbedarfsverkehr)."

---

18 BT-Drucks. 19/26175, S. 26.
19 BT-Drucks. 19/26175, S. 33.
20 BT-Drucks. 19/26175, S. 35.

Der Gesetzgeber arbeitet in § 44 Satz 1 PBefG mit einer sog. Fiktion, was das Wort „gilt" verdeutlicht.[21] Zwischen dem Linienbedarfsverkehr in § 44 Satz 1 PBefG und dem Linienverkehr, der in § 42 PBefG legal definiert wird, gibt es zwar Gemeinsamkeiten, aber auch Unterschiede. Ohne eine solche Fiktion könnte der Linienbedarfsverkehr nicht als Linienverkehr nach § 42 PBefG eingeordnet werden.[22] Dementsprechend wurden bis zur Neufassung des PBefG am 01.08.2021 derartige Verkehre als lediglich linienverkehrsähnlich angesehen.

Die Legaldefinition des allgemeinen Linienverkehrs mit Kraftfahrzeugen in § 42 PBefG, auf den § 44 Satz 1 PBefG verweist, lautet: „Linienverkehr ist eine zwischen bestimmten Ausgangs- und Endpunkten eingerichtete regelmäßige Verkehrsverbindung, auf der Fahrgäste an bestimmten Haltestellen ein- und aussteigen können. Er setzt nicht voraus, daß ein Fahrplan mit bestimmten Abfahrts- und Ankunftszeiten besteht oder Zwischenhaltestellen eingerichtet sind."

Der Vergleich von § 42 PBefG mit § 44 Satz 1 PBefG macht deutlich, dass allgemeiner Linienverkehr mit Kraftfahrzeugen nach § 42 PBefG drei Kennzeichen aufweist. Es muss sich um (1) eine regelmäßige Verkehrsverbindung (2) zwischen bestimmten Ausgangs- und Endpunkten (sog. Linienführung) handeln, bei der (3) ein Ein- und Ausstieg nur an bestimmten Haltestellen möglich ist. Nach § 42 PBefG kann Linienverkehr sowohl dem ÖPNV als auch dem Fernverkehr zuzuordnen sein, da keine Festlegungen des Gesetzgebers zu den Entfernungen zwischen den Ausgangs- und Endpunkten getroffen worden sind.

Hingegen erfordert nach § 44 Satz 1 PBefG der Linienbedarfsverkehr das Vorliegen von vier Voraussetzungen. Es muss sich um eine Bedienung (1) zu festgelegten Bedienzeiten nur nach vorheriger Bestellung (2) zwischen bestimmten Einstiegs- und Ausstiegspunkten (3) ohne einen festen Linienweg, aber in einem festen Bedienungsgebiet handeln. Linienbedarfsverkehr kann (4) nur ÖPNV gemäß § 8 Abs. 1 PBefG sein.

Statt einer konkreten Linienführung kennzeichnet den Linienbedarfsverkehr ein festes Bedienungsgebiet. Wie bei allen On Demand-Verkehren

---

21 *Baumeister/Berschin*, Verkehr und Technik 2020, S. 287 (288), bezeichnen dies als „einen systemfremde[n] juristische[n] Kunstgriff, der das derzeitige genehmigungsrechtliche Provisorium der atypischen Liniengenehmigung ausdrücklich für ODM-Verkehre verankern will".
22 *Grün/Sitsen/Stachurski*, Der Nahverkehr 10/2021, S. 54 (57), weisen darauf hin, dass für die Finanzierung des Linienbedarfsverkehrs die öffentlichen Mittel, die für den Linienverkehr zur Verfügung stehen, in Anspruch genommen werden können.

erfolgt die Bedienung in diesem Gebiet ausschließlich nach vorheriger Bestellung. Fahrtwünsche werden dabei gebündelt.[23] Linienbedarfsverkehr kann nur Stadt-, Vorort- oder Regionalverkehr (ÖPNV) sein. Eine Gemeinsamkeit zwischen dem allgemeinen Linienverkehr und dem Linienbedarfsverkehr stellt dar, dass ein Ein- und Ausstieg der Fahrgäste nur an bestimmten Haltepunkten erfolgen kann.

II. Bestimmte Ein- und Ausstiegspunkte

Unklar bleibt in der Legaldefinition des § 44 Satz 1 PBefG, was im Linienbedarfsverkehr bestimmte Einstiegs- und Ausstiegspunkte sein können. Im Gegensatz zu § 42 PBefG spricht der Gesetzgeber in § 44 Satz 1 PBefG nicht von bestimmten Haltestellen. Daraus ist zu schließen, dass für einen Einstiegs- und Ausstiegspunkt in qualitativer Hinsicht geringere Anforderungen als für eine Haltestelle gelten.[24] So sind nach § 40 Abs. 4 Satz 3 PBefG an Haltestellen mindestens die Abfahrtszeiten des Fahrplans anzuzeigen. Für Einstiegs- und Ausstiegspunkte im Sinne von § 44 Satz 1 PBefG gilt diese Vorschrift nicht.[25]

Sowohl die Einstiegs- und Ausstiegspunkte als auch die Haltestellen müssen nach dem jeweiligen Wortlaut von § 44 Satz 1 und § 42 PBefG „bestimmt" sein. Im Gesetz fehlt eine Regelung, wer diese Bestimmung im Linienbedarfsverkehr trifft.

Im allgemeinen Linienverkehr des § 42 PBefG müssen die Haltestellen schon im Vorfeld, also vor dem eigentlichen Fahrtantritt durch den Fahrgast, bestimmt sein. Dies verdeutlicht § 12 Abs. 1 Nr. 3 lit. a) i.V.m. Nr. 2 lit. a) PBefG. Bereits der Genehmigungsantrag des Antragstellers soll im allgemeinen Linienverkehr eine Übersichtskarte enthalten, in der die beantragte Strecke mit den Haltestellen eingezeichnet ist. Die Haltestellen bestimmt daher im allgemeinen Linienverkehr des § 42 PBefG nicht der Fahrgast, sondern der Unternehmer.

Eine vergleichbare Anforderung an einen Genehmigungsantrag für einen Linienbedarfsverkehr fehlt in § 12 Abs. 1 Nr. 3a lit. a) PBefG. Bei

---

23 So die Gesetzesbegründung in BT-Drucks. 19/26175, S. 47.
24 Ähnlich noch zur alten Rechtslage *Baumeister/Fiedler*, Verkehr und Technik 2019, S. 17 (20), die darauf hinweisen, dass das Verkehrszeichen 224 StVO gemäß § 45 Abs. 3 StVO nicht erforderlich ist.
25 Dies schließt nicht aus, dass bereits existierende Haltestellen des allgemeinen Linienverkehrs auch zu Ein- und Ausstiegspunkten des Linienbedarfsverkehrs werden können; ebenso *Baumeister/Fiedler*, Verkehr und Technik 2019, S. 17 (20).

einem Genehmigungsantrag für einen Linienbedarfsverkehr soll nur das beantragte Bedienungsgebiet vom Unternehmer angegeben werden. Die Einstiegs- und Ausstiegspunkte brauchen im Genehmigungsantrag für einen Linienbedarfsverkehr hingegen nicht genannt werden. Dieser Unterschied lässt den Schluss zu, dass der Gesetzgeber hinsichtlich der Bestimmung der Einstiegs- und Ausstiegspunkte im Linienbedarfsverkehr mehr Flexibilität zulassen will. Daher scheint es mit § 44 Satz 1 PBefG auch vereinbar, wenn erst der Fahrgast im Rahmen seiner vorherigen Bestellung der Verkehrsleistung den jeweiligen Einstiegs- und Ausstiegspunkt nach seinen individuellen Wünschen bestimmt.[26] Dabei sind innerhalb des nach § 9 Abs. 1 Nr. 3a PBefG genehmigten Bedienungsgebietes zu den festgelegten Bedienzeiten grundsätzlich alle Punkte als Einstiegs- und Ausstiegspunkte denkbar.[27]

III. Äußeres Erscheinungsbild

Allein aus dem äußeren Erscheinungsbild der eingesetzten Fahrzeuge für die erbrachte Dienstleistung[28] kann nicht auf das Vorliegen von Linienbedarfsverkehr nach § 44 Satz 1 PBefG geschlossen werden.[29] Über die Anzahl, die Art und das Fassungsvermögen der für den Linienbedarfsverkehr zu verwendenden Fahrzeuge soll nach § 12 Abs. 1 Nr. 3a lit. b) PBefG der Genehmigungsantrag des Unternehmers Angaben enthalten. Allerdings kommen im gebündelten Bedarfsverkehr nach § 50 Abs. 1 PBefG ebenso Personenkraftwagen zum Einsatz. Auch hier soll der Genehmigungsantrag des Unternehmens nach § 12 Abs. 1 Nr. 4 lit. b) PBefG Angaben über die Zahl, die Art und das Fassungsvermögen der für den gebündelten Bedarfsverkehr zu verwendenden Fahrzeuge enthalten.

Für das Vorliegen eines Linienbedarfsverkehrs nach § 44 Satz 1 PBefG ist es – im Gegensatz zum gebündelten Bedarfsverkehr - vielmehr erforderlich, dass dieser dem ÖPNV zugeordnet ist. Dazu müssen die zum Einsatz

---

26 So auch *Baumeister/Fiedler*, Verkehr und Technik 2019, S. 17 (19).
27 So auch *Grün/Sitsen/Stachurski*, Der Nahverkehr 10/2021, S. 54 (56); anders *Linke*, NVwZ 2021, S. 1001 (1003), der vorabbestimmte Ein- und Ausstiegspunkte verlangt und einen Von-der-Tür-zur-Tür-Verkehr als nicht mehr vereinbar mit § 44 Satz 1 PBefG ansieht.
28 Vgl. dazu *Koschmieder/Uwer*, ZRP 2021, S. 15 (18), die diesen Aspekt im Hinblick auf die Abgrenzung zum gebündelten Bedarfsverkehr nach § 50 Abs. 1 PBefG für bedenklich halten.
29 So auch *Kiel d'Aragon*, KommPrax Spezial 2021, S. 158 (159).

Prof. Dr. Andreas Saxinger

kommenden Fahrzeuge den klassischen Linienverkehr mit Straßenbahnen oder Kraftfahrzeugen ergänzen, verdichten oder ersetzen. Mit den eingesetzten Fahrzeugen muss eine allgemein zugängliche Personenbeförderung im Linienverkehr des Stadt-, Vorort- oder Regionalverkehrs erbracht werden. Das machen § 8 Abs. 1 und Abs. 2 PBefG deutlich.[30]

D. Genehmigungspflicht für Linienbedarfsverkehre

Durch die Zuordnung zu den Linienverkehren sind Linienbedarfsverkehre wie alle Linienverkehre mit Kraftfahrzeugen nach § 2 Abs. 1 Satz 1 Nr. 3 PBefG genehmigungspflichtig. Anders als bei normalen Linienverkehren mit Kraftfahrzeugen wird nach § 9 Abs. 1 Nr. 3a PBefG die Genehmigung bei Linienbedarfsverkehren erteilt für die Einrichtung, das Gebiet, in dem der Verkehr durchgeführt wird, und den Betrieb. Eine Genehmigung für die Linienführung gibt es im Linienbedarfsverkehr nicht.

E. Genehmigungsverfahren für Linienbedarfsverkehre

I. Antragstellung

Das Genehmigungsverfahren wird im Linienbedarfsverkehr wie bei allen Linienverkehren durch einen Antrag eröffnet. Dieser Genehmigungsantrag des Antragstellers soll nach § 12 Abs. 1 Nr. 1 PBefG zunächst die allgemeinen Angaben enthalten, die für alle Genehmigungsanträge gelten.

In § 12 Abs. 1 Nr. 3a PBefG folgen sodann die spezifischen zusätzlichen Angaben, die für Genehmigungsanträge im Linienbedarfsverkehr erforderlich sind. Dabei handelt es sich um eine Übersichtskarte für das beantragte Bedienungsgebiet mit allen bereits vorhandenen Verkehren (Nr. 3a lit. a). Hinzu sollen Angaben zu Anzahl, Art und Fassungsvermögen der zu verwendenden Fahrzeuge kommen (Nr. 3a lit. b).[31] Schließlich sind Angaben

---

[30] Auch wenn § 8 Abs. 2 PBefG in der Legaldefinition des Linienbedarfsverkehrs in § 44 Satz 1 PBefG nicht explizit erwähnt wird, zeigt die Gesetzesbegründung zu § 44 PBefG doch, dass der Gesetzgeber im Hinblick auf die Flexibilität der Bedienung bei Linienbedarfsverkehren § 8 Abs. 2 PBefG als ebenso relevant ansieht; vgl. BT-Drucks. 19/26175, S. 47.

[31] Zu Inhalt und Umfang der vom Unternehmer im Rahmen seines Genehmigungsantrags für einen allgemeinen Linienverkehr vorzunehmenden Angaben im Hinblick auf die einzusetzenden Fahrzeuge nach § 13 Abs. 1 Nr. 3 lit. c) PBefG: VGH

zu den Beförderungsentgelten und Bedienzeiten notwendig (Nr. 3a lit. c). Bei den Beförderungsentgelten und -bedingungen müssen nach § 44 Satz 2 PBefG die Vorgaben des Aufgabenträgers für den ÖPNV im Nahverkehrsplan, im öffentlichen Dienstleistungsauftrag oder in der Vorabbekanntmachung vom Antragsteller beachtet werden. Gleiches gilt für die Erhebung von Beförderungszuschlägen nach § 44 Satz 3 PBefG.[32]

II. Anhörungsverfahren

Im Anhörungsverfahren, welches vor der Entscheidung über die Genehmigungserteilung von der Genehmigungsbehörde durchzuführen ist, finden die Vorschriften des § 14 Abs. 1, 3, 4 PBefG für den allgemeinen Linienverkehr auch auf den Linienbedarfsverkehr Anwendung.[33] Spezifische Besonderheiten für das Anhörungsverfahren bei Linienbedarfsverkehren existieren nicht.

III. Genehmigungsversagungsgründe

Gründe, die zu einer Versagung der beantragten Genehmigung führen können oder führen müssen, ergeben sich aus § 13 Abs. 1, 2, 2a, 2b, 2c, 3, 6 PBefG. Es handelt sich um die gesetzlichen Versagungsgründe, welche für alle Linienverkehre im ÖPNV gelten. Für den Linienbedarfsverkehr gibt es insoweit keine gesetzlichen Besonderheiten. Eine beantragte Genehmigung für einen Linienbedarfsverkehr ist daher insbesondere nach § 13 Abs. 2 Satz 1 Nr. 3 PBefG zu versagen, wenn der Linienbedarfsverkehr die öffentlichen Verkehrsinteressen beeinträchtigt.

Die Vorgaben des Nahverkehrsplans des ÖPNV-Aufgabenträgers spielen für die Auslegung des unbestimmten Rechtsbegriffs der öffentlichen Ver-

---

Hessen, Urt. v. 18.11.2020, 2 A 611/16, Rdnr. 36 ff.; VG Köln, Urt. v. 14.08.2020, 18 K 451/17, Rdnr. 64 ff.; VG Freiburg, Urt. v. 13.02.2020, 10 K 3455/18, Rdnr. 37 ff. Diese Rechtsprechung dürfte sinngemäß auf die so gut wie wortgleiche Vorschrift in § 13 Abs. 1 Nr. 3a lit. b) PBefG für Linienbedarfsverkehre übertragen werden können. Kritisch zu den genannten Gerichtsentscheidungen *Antweiler/Liebschwager*, NVwZ 2021, S. 849 (857).

32 Erst in der Schlussphase des Gesetzgebungsverfahrens fand § 44 Satz 3 PBefG seine endgültige Formulierung. Vgl. BT-Drucks. 19/27288, S. 36.
33 Einzelheiten zum Anhörungsverfahren bei Linienverkehren finden sich bei VG Freiburg, Urt. v. 19.02.2019, 13 K 7419/17, Rdnr. 38 ff.

kehrsinteressen in § 13 Abs. 2 Satz 1 Nr. 3 PBefG eine zentrale Rolle. So kann es sinnvoll sein, durch Vorgaben im Nahverkehrsplan die Bedienzeiten so aufeinander abzustimmen, dass durch den allgemeinen Linienverkehr die Personenbeförderungsleistungen zu den Hauptverkehrszeiten erbracht werden und der Linienbedarfsverkehr die Erbringung der Personenbeförderungsleistungen zu den Schwachlastzeiten übernimmt.[34]

Im neuen PBefG wird nicht näher geregelt, ob Linienbedarfsverkehre auch zu den gleichen Bedienzeiten wie bereits bestehende allgemeine Linienverkehre genehmigungsfähig sein können.[35] Linienbedarfsverkehre bringen für ihre Benutzer Vorteile mit sich, die allgemeine Linienverkehre nicht aufweisen. Dazu gehören z.B. umsteigefreie Direktverbindungen zwischen zwei Punkten ohne Zeitverluste, Fahrten nach vorheriger Bestellung ohne Bindung an einen starren Fahrplan oder ein erhöhter Fahrkomfort in einem kleineren Kraftfahrzeug. Ein bereits genehmigter allgemeiner Linienverkehr wird regelmäßig nicht in der Lage sein, diese speziellen Vorteile des Linienbedarfsverkehrs in verkehrlicher Hinsicht mit abzudecken.

Es lässt sich daher mit guten Gründen argumentieren, dass im allgemeinen Linienverkehr für bestimmte Fahrgastgruppen, denen Umsteigevorgänge Schwierigkeiten bereiten, wie z.B. Senioren oder Menschen mit Mobilitätseinschränkungen, eine befriedigende Bedienung mit den vorhandenen Verkehrsmitteln (noch) nicht vorliegt. Erst der neu beantragte Linienbedarfsverkehr würde für diese Fahrgastgruppen eine wesentliche Verbesserung der Verkehrsbedienung darstellen.

Ob in Anbetracht dieser verkehrlichen Vorteile eine beantragte Genehmigung für einen neu hinzutretenden Linienbedarfsverkehr trotzdem mittels § 13 Abs. 2 Satz 1 Nr. 3 lit. a) oder b) PBefG und dem Argument, durch den schon vorhandenen allgemeinen Linienverkehr sei bereits eine befriedigende Verkehrsbedienung gegeben, versagt werden kann, erscheint fraglich. Für die Sonderformen des Linienverkehrs nach § 43 PBefG gibt es hierfür eine explizite gesetzliche Regelung in § 45 Abs. 3 Satz 2 PBefG. Diese führt im Falle einer beantragten Genehmigung für einen Sonderlinienverkehr nach § 43 PBefG zu einer modifizierten und abgeschwächten An-

---

34 Ähnlich die Gesetzesbegründung in BT-Drucks. 19/26175, S. 48, in welcher der Gesetzgeber von „eine[r] „bestmögliche[n] Verzahnung der neuen und bestehenden Angebote im ÖPNV" spricht.
35 *Wüstenberg*, DÖV 2021, S. 401 (403), spricht sich dagegen aus und plädiert dafür, Linienbedarfsverkehr nur dort zu erlauben, wo und wann ein ÖPNV nicht angeboten wird. Konkurrierende, den ÖPNV teils ersetzende Angebote sollten nach Wüstenbergs Ansicht verhindert werden.

wendung der Genehmigungsversagungsgründe des § 13 Abs. 2 Satz 1 Nr. 3 lit. a) oder b) PBefG. Eine Erstreckung der Vorschrift des § 45 Abs. 3 Satz 2 PBefG auch auf Linienbedarfsverkehre nach § 44 PBefG hat der Gesetzgeber jedoch nicht vorgenommen. § 45 Abs. 3 Satz 2 PBefG nimmt einzig § 43 PBefG in Bezug, nicht auch § 44 PBefG. Insoweit gibt es keine den Sonderlinienverkehren entsprechende gesetzliche Privilegierung von Linienbedarfsverkehren.

Damit wird die Frage, ob Linienbedarfsverkehre auch zu den gleichen Bedienzeiten wie bereits bestehende allgemeine Linienverkehre genehmigungsfähig sein können, in jedem Einzelfall durch die Genehmigungsbehörde gesondert beurteilt und entschieden werden müssen. Die Gesetzesbegründung vertieft dieses Problem nicht, sondern stellt allein darauf ab, dass die bereits vorhandenen Verkehre – wie bisher – durch die öffentlichen Verkehrsinteressen geschützt sind und dementsprechend eine Genehmigung eines Linienbedarfsverkehrs versagt werden kann, wenn die öffentlichen Verkehrsinteressen dem entgegenstehen.[36]

Bei mehreren konkurrierenden Genehmigungsanträgen für die eigenwirtschaftliche Erbringung von Linienbedarfsverkehrsleistungen in einem bestimmten Bedienungsgebiet kommt es zu einem Genehmigungswettbewerb um die Erteilung der Genehmigung. Entscheidungsmaßstab für die Genehmigungsbehörde bei der dann zu treffenden Auswahlentscheidung ist gemäß § 13 Abs. 2b PBefG die beste Verkehrsbedienung.

Da Linienbedarfsverkehre nach § 44 Satz 1 PBefG zum ÖPNV gehören, kann es für den Fall, dass Verkehrsleistungen des Linienbedarfsverkehrs nicht eigenwirtschaftlich von den Unternehmern nach § 8 Abs. 4 PBefG erbracht werden, vor der Erteilung der Genehmigung zu einem vom ÖPNV-Aufgabenträger durchzuführenden Ausschreibungswettbewerb über einen öffentlichen Dienstleistungsauftrag oder zu einer Direktvergabe eines öffentlichen Dienstleistungsauftrags über die Erbringung von öffentlichen Personenverkehrsdiensten im Linienbedarfsverkehr kommen.

Im Hinblick auf die Entscheidung der Genehmigungsbehörde über die Erteilung und Versagung der Genehmigung gibt es nach § 15 PBefG keine Spezifika für den Linienbedarfsverkehr.

---

36 BT-Drucks. 19/26175, S. 48.

Prof. Dr. Andreas Saxinger

IV. Genehmigungsurkunde

Wird dem Genehmigungsantrag stattgegeben, erteilt die Genehmigungsbehörde dem Antragsteller eine Genehmigungsurkunde. Grundsätzlich gelten nach § 17 Abs. 1, 3, 5 PBefG für Linienbedarfsverkehre die Regularien, die auf alle Linienverkehre Anwendung finden. Eine Besonderheit, die nur für Linienbedarfsverkehre gilt, findet sich in § 17 Abs. 1 Nr. 7 PBefG. Demnach muss bei diesen die Genehmigungsurkunde das Bedienungsgebiet und gerade nicht wie bei allgemeinen Linienverkehren die Linienführung enthalten. Obwohl nach der Legaldefinition des § 44 Satz 1 PBefG für das Vorliegen des Linienbedarfsverkehrs nicht nur die Festlegung des Bedienungsgebiets, sondern auch die Festlegung der Bedienzeiten erforderlich ist, verlangt § 17 Abs. 1 Nr. 7 PBefG lediglich die Aufnahme des festgelegten Bedienungsgebietes in die Genehmigungsurkunde. Eine Aufnahme (auch) der Bedienzeiten in die Genehmigungsurkunde wird von § 17 Abs. 1 Nr. 7 PBefG nicht gefordert.[37]

V. Geltungsdauer der Genehmigung

Für die Geltungsdauer der dem Antragsteller erteilten Genehmigung für einen Linienbedarfsverkehr gilt § 16 Abs. 2, 3 PBefG. Hier gibt es keine grundsätzlichen Abweichungen zur Geltungsdauer für Genehmigungen im allgemeinen Linienverkehr mit Kraftfahrzeugen. Unter Berücksichtigung der öffentlichen Verkehrsinteressen beträgt die Genehmigungshöchstdauer damit nach § 16 Abs. 2 Sätze 1 und 2 PBefG zehn Jahre.

Längere Laufzeiten von Genehmigungen im Linienbedarfsverkehr könnten sich nur über § 16 Abs. 2 Satz 3 PBefG i.V.m. Art. 4 Abs. 3 Satz 2 der Verordnung (EG) Nr. 1370/2007[38] ergeben. Das setzt Konstellationen voraus, in denen ein öffentlicher Dienstleistungsauftrag des ÖPNV-Aufgabenträgers mehrere Verkehrsträger umfasst. Denkbar wäre dies bei einem einheitlichen öffentlichen Dienstleistungsauftrag, bei dem es hauptsächlich um die Erbringung von Personenverkehrsdiensten mit Straßenbahnen

---

37 Denkbar wäre es aber, die Bedienzeiten in einer Auflage als Nebenstimmung in der Genehmigungsurkunde festzuhalten; dazu *Saxinger*, GewArch 2022, S. 183 (187).
38 Verordnung (EG) Nr. 1370/2007 des Europäischen Parlaments und des Rates v. 23.10.2007 über öffentliche Personenverkehrsdienste auf Schiene und Straße und zur Aufhebung der Verordnungen (EWG) Nr. 1191/69 und (EWG) Nr. 1107/70 des Rates (ABl. EU L 315 v. 03.12.2007, S. 1).

geht, die in verkehrsschwachen Zeiten durch Linienbedarfsverkehre mit Kraftfahrzeugen ergänzt werden. Dann darf die Laufzeit eines solchen öffentlichen Dienstleistungsauftrags nach Art. 4 Abs. 3 Satz 2 der Verordnung (EG) Nr. 1370/2007 bis zu 15 Jahre betragen. Wegen § 16 Abs. 2 Satz 3 PBefG läge die Genehmigungshöchstdauer in einem derartigen Fall ebenfalls bei 15 Jahren.

F. Gemeinwirtschaftliche Verpflichtungen durch die Genehmigung für Linienbedarfsverkehre

Mit einer erteilten Genehmigung für einen Linienbedarfsverkehr sind für den Genehmigungsinhaber verschiedene gemeinwirtschaftliche Verpflichtungen verbunden.

I. Betriebspflicht

Bei Genehmigungen von Linienbedarfsverkehren gibt es hinsichtlich der Betriebspflicht nach § 21 Abs. 1, 2, 3, 4 PBefG keine Spezifika gegenüber dem allgemeinen Linienverkehr. In der Begründung zu § 44 PBefG gibt der Gesetzgeber zu erkennen, dass die Betriebspflicht zeitlich und räumlich definiert werden und den Vorgaben für die einzusetzenden Fahrzeug- und Beförderungskapazitäten des ÖPNV-Aufgabenträgers entsprechen sollte. Um eine bestmögliche Verzahnung der neuen und bestehenden Angebote im ÖPNV zu gewährleisten, sollten die Betriebszeiten aufeinander abgestimmt werden.[39]

II. Beförderungspflicht

Auch hinsichtlich der Beförderungspflicht nach § 22 PBefG existieren für Linienbedarfsverkehre keine Besonderheiten gegenüber allgemeinen Linienverkehren.[40]

---

39 BT-Drucks. 19/26175, S. 48.
40 Zu der Frage, wenn die verfügbaren Fahrzeugkapazitäten des Unternehmers nicht ausreichen sollten, kurzfristig alle Fahrgastwünsche gleichzeitig zu befriedigen *Saxinger*, GewArch 2022, S. 183 (188); *Grün/Sitsen/Stachurski*, Der Nahverkehr 10/2021, S. 54 (56 f.).

III. Fahrplanpflicht

Eine Fahrplanpflicht existiert für Linienbedarfsverkehre nach § 45 Abs. 2 Nr. 3 PBefG hingegen nicht. § 40 PBefG trifft explizit nicht auf den Linienbedarfsverkehr zu, da dieser anders als der allgemeine Linienverkehr keinen festen Fahrplan aufweist, sondern Fahrten, wie es die Legaldefinition in § 44 Satz 1 PBefG erfordert, nur nach vorheriger Bestellung durchgeführt werden.

IV. Tarifpflicht

Bei der Tarifpflicht, die nach § 45 Abs. 2 i.V.m. § 39 PBefG für den allgemeinen Linienverkehr gilt, bestehen für den Linienbedarfsverkehr Besonderheiten. Hinsichtlich der Beförderungsentgelte, -zuschläge und der Beförderungsbedingungen existieren in § 44 Sätze 2 und 3 PBefG zusätzliche Regelungen, die nur auf den Linienbedarfsverkehr Anwendung finden. Demnach sind für die Beförderungsentgelte, -zuschläge und die Beförderungsbedingungen im Linienbedarfsverkehr ausschließlich die Vorgaben des ÖPNV-Aufgabenträgers im Nahverkehrsplan, im öffentlichen Dienstleistungsauftrag oder in der Vorabbekanntmachung zu beachten.[41]

Probleme könnten hier entstehen, wenn der ÖPNV-Aufgabenträger keinen Ausschreibungswettbewerb durchführen will und auch im Nahverkehrsplan keine näheren Vorgaben zu Beförderungsentgelten, -zuschlägen und Beförderungsbedingungen im Linienbedarfsverkehr gemacht hat. Es stellt sich dann die Frage, ob § 44 Sätze 2 und 3 PBefG als Spezialnormen zu Beförderungsentgelten, -zuschlägen und Beförderungsbedingungen die Vorschriften über die allgemeine Tarifpflicht für alle Linienverkehre in § 45 Abs. 2 i.V.m. § 39 PBefG verdrängen. Das Wort „ausschließlich" in § 44 Satz 2 PBefG, welches über den Verweis auch nach § 44 Satz 3 PBefG Anwendung findet, scheint darauf hinzudeuten. Dafür könnte auch die Gesetzesbegründung zu § 44 PBefG sprechen. Der Gesetzgeber geht in dieser ersichtlich davon aus, dass Linienbedarfsverkehre ausschließlich vom

---

[41] *Wüstenberg*, DÖV 2021, S. 401 (402), weist darauf hin, dass das Entgelt für die Beförderung im Linienbedarfsverkehr signifikant höher als der Tarif im bisherigen Linienverkehr sein müsse, um den bisherigen Linienverkehr nicht praktisch zu ersetzen.

ÖPNV-Aufgabenträger im Wege eines öffentlichen Dienstleistungsauftrags bestellt werden.[42]

Würden in § 44 die Sätze 2 und 3 PBefG in einer solchen Weise interpretiert, könnten mangels Vorgaben des ÖPNV-Aufgabenträgers im Nahverkehrsplan, im öffentlichen Dienstleistungsauftrag oder in der Vorabbekanntmachung im Linienbedarfsverkehr keine Beförderungsentgelte, -zuschläge und Beförderungsbedingungen genehmigt werden. Dies stünde in Widerspruch zu § 12 Abs. 3a lit. c) PBefG, wonach die Beförderungsentgelte und Bedienzeiten bereits im Antrag auf Erteilung der Genehmigung enthalten sein sollen. Zudem ist der Grundsatz der Gewerbefreiheit als Bestandteil des Grundrechts der Berufsfreiheit in Art. 12 Abs. 1 GG, der einem Antragsteller bei Erfüllung der Genehmigungsvoraussetzungen einen Anspruch auf Erteilung der beantragten Genehmigung verleiht, zu beachten.[43] Bei fehlenden Vorgaben des ÖPNV-Aufgabenträgers im Nahverkehrsplan, im öffentlichen Dienstleistungsauftrag oder in der Vorabbekanntmachung spricht daher viel dafür, dass dann die allein durch den Antragsteller beantragten Beförderungsentgelte, -zuschläge und Beförderungsbedingungen durch die Genehmigungsbehörde genehmigt werden dürfen. Ansonsten könnten Linienbedarfsverkehre mangels tariflicher Vorgaben durch den ÖPNV-Aufgabenträger gar nicht genehmigt und damit in letzter Konsequenz wegen § 2 Abs. 1 Satz 1 Nr. 3 PBefG nicht erbracht werden, was im Widerspruch zum Grundsatz der Gewerbefreiheit stehen würde.[44]

---

42 So BT-Drucks. 19/26175, S. 47 und explizit BT-Drucks. 19/27288, S. 36, wonach § 44 Satz 3 PBefG es dem ÖPNV-Aufgabenträger ermöglichen soll, je nach Einzelfall einen pauschalen Aufschlag zum Linienverkehrs-Tarif, eine dynamische Gestaltung oder einen separaten Tarif zu wählen.
43 Vgl. dazu BVerwG, Urt. v. 06.04.2000, 3 C 6/99; VGH Bayern, Urt. v. 06.03.2008, 11 B 04.2449; VG Sigmaringen, Urt. v. 23.02.2005, 5 K 910/04; VG Augsburg, Urt. v. 05.12.2000, Au 3 K 98.1001.
44 Im Ergebnis auch *Linke*, NVwZ 2021, S. 1001 (1003); anders *Grün/Sitsen/Stachurski*, Der Nahverkehr 10/2021, S. 54 (57), die einen eigenwirtschaftlichen Linienbedarfsverkehr nur dort für zulässig halten, wo die ÖPNV-Aufgabenträger ihn gestatten.

G. Weitere Verpflichtungen bei einer Genehmigung für Linienbedarfsverkehre

I. Bereitstellung von Mobilitätsdaten

Weiterhin trifft den Inhaber einer Genehmigung für Linienbedarfsverkehre die Verpflichtung, statische und dynamische Mobilitätsdaten nach § 3a Abs. 1 Nr. 1 PBefG bereitzustellen. Hinsichtlich der Einzelheiten zu dieser Verpflichtung zur Datenbereitstellung ist auf den Beitrag von *Barth* und *Widemann* zu verweisen. Aus diesem Grund sollen an dieser Stelle weiterführende Darstellungen unterbleiben.[45]

II. Barrierefreiheit

Der Linienbedarfsverkehr gehört nach § 44 Satz 1 PBefG zum ÖPNV. Hinsichtlich der Barrierefreiheit für in ihrer Mobilität oder sensorisch eingeschränkten Menschen gelten für den Inhaber einer Linienbedarfsverkehrsgenehmigung damit die Vorgaben, die der ÖPNV-Aufgabenträger nach § 8 Abs. 3 Satz 3 PBefG in seinem Nahverkehrsplan macht.[46] Wenn der beantragte Linienbedarfsverkehr mit einem Nahverkehrsplan nach § 8 Abs. 3 PBefG nicht in Einklang steht, kann nach § 13 Abs. 2a Satz 1 PBefG die beantragte Liniengenehmigung für den Unternehmer versagt werden; es handelt sich dabei um eine Ermessensentscheidung der Genehmigungsbehörde.

Für den Unternehmer strenger ist die Rechtslage, wenn der von ihm beantragte Verkehr von den Anforderungen des ÖPNV-Aufgabenträgers zur Barrierefreiheit in einer Vorabbekanntmachung für ein Verfahren zur Vergabe eines öffentlichen Dienstleistungsauftrags von Personenbeförderungsleistungen im Linienbedarfsverkehr abweicht. Bei wesentlichen Abweichungen ist nach § 13 Abs. 2a Satz 2 PBefG eine beantragte Liniengenehmigung für Unternehmer im ÖPNV durch die Genehmigungsbehörde zu versagen. Abweichungen von den Anforderungen zur Barrierefreiheit in der Vorabbekanntmachung gelten grundsätzlich nach § 13 Abs. 2a Satz 4 PBefG als wesentlich, sodass insoweit ein zwingender Genehmigungsversagungsgrund vorliegt.

---

[45] Weiterführend zu dieser Thematik auch *Niemann/Stegemann*, KommPrax Spezial 2021, S. 167 ff.
[46] So ausdrücklich die Gesetzesbegründung in BT-Drucks. 19/26175, S. 47.

H. Abwehrrechte aus der Genehmigung für Linienbedarfsverkehre

Die erteilte Genehmigung für die Erbringung von Linienbedarfsverkehren verleiht ihrem Inhaber im Falle der Beeinträchtigung der öffentlichen Verkehrsinteressen nach § 13 Abs. 2 Satz 1 Nr. 3 PBefG Abwehrrechte gegen konkurrierende Genehmigungsanträge.[47] Das gilt nach § 13 Abs. 2 Satz 1 Nr. 3 lit. a) PBefG in erster Linie, wenn eine befriedigende Verkehrsbedienung bereits durch den schon vorhandenen Linienbedarfsverkehr existiert.[48] Durch die ausdrückliche Zuweisung des Gesetzgebers von Linienbedarfsverkehren in § 44 Satz 1 PBefG sowohl zum Linienverkehr als auch zum ÖPNV kann der Schutz von Linienbedarfsverkehrsgenehmigungen über § 13 Abs. 2 Satz 1 Nr. 3 PBefG grundsätzlich durch ein überragend wichtiges Gemeinschaftsgut, nämlich der Aufrechterhaltung der Daseinsvorsorge im Bereich der öffentlich zugänglichen Mobilität[49], gerechtfertigt werden.

Wegen der Zugehörigkeit des Linienbedarfsverkehrs nach § 44 Satz 1 PBefG zum ÖPNV werden bei der Auslegung der unbestimmten Rechtsbegriffe der öffentlichen Verkehrsinteressen und der befriedigenden Verkehrsbedienung in § 13 Abs. 2 Satz 1 Nr. 3 PBefG die Vorgaben des ÖPNV-Aufgabenträgers im Nahverkehrsplan zu Umfang und Qualität des Verkehrsangebots, wozu auch Linienbedarfsverkehre zu rechnen sind, eine zentrale Rolle spielen. Wie weit die Abwehrrechte einer für einen Linienbedarfsverkehr erteilten Genehmigung daher reichen, dürfte insofern eine Frage des jeweiligen Einzelfalls sein.

---

47 Ebenso *Baumeister/Fiedler*, Verkehr und Technik 2019, S. 17 (22).
48 Kritisch dazu *Baumeister/Berschin*, Verkehr und Technik 2020, S. 287 (288), die bei Linienbedarfsverkehren einen Schutz für ein überragend wichtiges Gemeinschaftsgut nicht für erforderlich halten und daher eine Übertragung der Abwehrrechte für eine erteilte Genehmigung im allgemeinen Linienverkehr aus § 13 Abs. 2 Satz 1 Nr. 3 PBefG auf den Linienbedarfsverkehr ablehnen.
49 Zur Zuordnung des Linienbedarfsverkehrs zur Daseinsvorsorge vgl. die Gesetzesbegründung in BT-Drucks. 19/26175, S. 36. Nach Ansicht der Rechtsprechung ist der Aspekt der Daseinsvorsorge entscheidend für die Frage, ob mit einer erteilten Linienverkehrsgenehmigung Abwehrrechte nach § 13 Abs. 2 Satz 1 Nr. 3 PBefG für deren Inhaber verbunden sind. Vgl. dazu OVG Hamburg, Beschl. v. 02.01.2012, 3 Bs 55/11; VGH Bayern, Urt. v. 01.06.2011, 11 B 11.332; OVG Nordrhein-Westfalen, Beschl. v. 25.05.2007, 13 B 577/07; VG München, Urt. v. 29.10.2009, M 23 K 08.3583.

Prof. Dr. Andreas Saxinger

I. Zusammenfassung in Thesen

(1) Linienbedarfsverkehre sind Linienverkehre mit Besonderheiten. Sie verkehren ohne eine festen Linienweg nur nach vorheriger Bestellung zu festgelegten Bedienzeiten in einem festgelegten Bedienungsgebiet zwischen bestimmten Einstiegs- und Ausstiegspunkten.
(2) Linienbedarfsverkehre gehören zum ÖPNV.
(3) Linienbedarfsverkehre sind genehmigungspflichtig.
(4) Statt einer Linienführung wird die Genehmigung für ein festgelegtes Bedienungsgebiet erteilt.
(5) Im Genehmigungsverfahren gelten für Linienbedarfsverkehre nur einige wenige Besonderheiten gegenüber allgemeinen Linienverkehren.[50]
(6) Die Genehmigung für Linienbedarfsverkehre beinhaltet keine Fahrplanpflicht. Die Ausgestaltung der übrigen mit der Genehmigung verbundenen Verpflichtungen hängt zentral von den Vorgaben des ÖPNV-Aufgabenträgers ab.[51]
(7) Die Genehmigung für einen Linienbedarfsverkehr verleiht ihrem Inhaber grundsätzlich Abwehrrechte gegen konkurrierende Genehmigungsanträge.

J. Ausblick

Ob und inwieweit sich die neue Verkehrsart des Linienbedarfsverkehrs etablieren wird, bleibt abzuwarten. Ebenso werden die Auswirkungen der Linienbedarfsverkehre auf den bestehenden allgemeinen Linienverkehr zu beobachten sein.[52] Dementsprechend sieht § 66 Abs. 2 PBefG vor, den Deutschen Bundestag durch einen Bericht der Bundesregierung bis zum 31.07.2026 zu informieren, ob sich die im Zuge der PBefG-Novelle 2021

---

50 Kritisch hierzu *Baumeister/Berschin*, Verkehr und Technik 2020, S. 287 (288), die das Genehmigungsverfahren für allgemeine Linienverkehre wegen seiner Länge für Linienbedarfsverkehre als wenig geeignet ansehen, insbesondere für den Fall, dass der ÖPNV-Aufgabenträger kurzfristig und flexibel die vom Unternehmer zu erbringenden Leistungen im Linienbedarfsverkehr anpassen will.
51 So ausdrücklich BT-Drucks. 19/26175, S. 47.
52 Pessimistisch hierzu *Wüstenberg*, DÖV 2021, S. 401 (405), der erwartet, dass der neue Linienbedarfsverkehr die Unrentabilität des ÖPNV weiter steigern und im ländlichen Raum zum Wegfall unrentabler Linien führen werde.

eingeführten Regelungen zu den neuen Verkehrsformen bewährt und die mit ihnen verfolgten Ziele erfüllt haben.[53]

---

53 BT-Drucks. 19/26175, S. 36; skeptisch hierzu *Knauff*, GewArch 2021, S. 257.

Datentransparenz im novellierten PBefG

Dr. Sibylle Barth und Marc Widemann[*]

A. Einleitende Bemerkungen

Mit der Novelle des Personenbeförderungsrechts 2021[1] wurden – neben neuen Verkehrsformen – auch Regelungen zu „*Mobilitätsdaten*"[2] in das PBefG aufgenommen. Die Normierung zielt zum einen darauf, den Behörden eine „*effektivere Kontrolle der Vorgaben des PBefG*" zu ermöglichen, insbesondere mit Blick auf neue App-basierte Geschäftsmodelle bei bedarfsabhängigen Verkehrsformen. Zum anderen soll die Verfügbarkeit von Daten für die „*Entwicklung datenbasierter, multimodaler Mobilitätsdienste*" sichergestellt werden.[3] Die in diesen unterschiedlichen Zielsetzungen zum Ausdruck kommende Ambivalenz zwischen Regulierung und Kontrolle einerseits sowie Entfaltung der Potentiale der Digitalisierung des Verkehrssektors andererseits prägt die neuen Vorschriften.

Dieser Beitrag beleuchtet die in §§ 3a ff. PBefG getroffenen Regelungen (dazu B.) im Lichte der europarechtlichen Vorgaben für Mobilitätsdaten (dazu C.). Der Vergleich beider Regelungsregime wirft die Frage auf, ob ein neuer und umfassender Ansatz für das Thema der Mobilitätsdaten im Bundesrecht verankert werden sollte (dazu D.).

B. Die neuen Regelungen in §§ 3a ff. PBefG

Mit der Novelle des PBefG hat der Bundesgesetzgeber erstmals Regelungen zu Mobilitätsdaten getroffen. Diese gelten allerdings nur für Daten in Bezug auf bestimmte Verkehrsformen, die in den Anwendungsbereich des PBefG fallen (dazu B. I. 2.). So ist insbesondere der Schienenpersonen-

---

[*] Die Erstautorin ist Rechtsanwältin und Partnerin in der Kanzlei BBG und Partner (Bremen), der Zweitautor ist Rechtsanwalt ebenda.
[1] BGBl. I S. 822.
[2] So der Begriff in der Überschrift zu § 3a PBefG. Gemeint sind hiermit Daten zu Verkehrsangeboten, nicht zum Mobilitätsverhalten; vgl. zu den relevanten Daten bei B. I. 3.
[3] BT Drs. 19/26175, S. 38.

verkehr mit Eisenbahnen hiervon nicht umfasst; das AEG beinhaltet keine vergleichbaren Normen. Auch für weitere öffentlich zugängliche Mobilitätsangebote wie das Carsharing, Bikesharing oder andere Angebote der „Mikromobilität" (z.b. Elektro-Tretroller) gibt es keine entsprechenden Regelungen. Ein umfassender Rechtsrahmen für Mobilitätsdaten besteht damit im nationalen Recht (anders als auf europäischer Ebene) nicht.

Das PBefG und die auf seiner Grundlage erlassene Mobilitätsdatenverordnung (MDV)[4] regeln Pflichten zur Bereitstellung von Daten über den Nationalen Zugangspunkt (dazu B. I.) sowie die Verwendung dieser Daten (dazu B. II.). Auf die Regelungen zur Löschung von Daten (§ 3c PBefG) soll hier aus Platzgründen nicht eingegangen werden.

I. Datenbereitstellung (§ 3a PBefG)

Gemäß § 3a Abs. 1 Satz 1 PBefG sind Unternehmer und Vermittler i.S.d. PBefG verpflichtet, bestimmte Daten bereitzustellen, die im Zusammenhang mit der Beförderung von Personen in den in § 3a Abs. 1 PBefG genannten Verkehrsformen entstehen.

1. Unternehmer und Vermittler als Verpflichtete

Der Kreis der verpflichteten Datenlieferanten scheint damit auf den ersten Blick klar definiert, auch wenn sich bei näherem Hinsehen durchaus Abgrenzungsfragen auftun:

Wer Unternehmer ist, ergibt sich aus § 2 Abs. 1 PBefG. Das ist jeder, der im Anwendungsbereich des PBefG Personen befördert und deshalb eine Genehmigung für diese Tätigkeit braucht. Das Genehmigungserfordernis nach § 2 Abs. 1 PBefG erfasst gemäß § 1 Abs. 1 PBefG die entgeltliche oder geschäftsmäßige Beförderung von Personen mit Straßenbahnen[5], Oberleitungsbussen oder Kraftfahrzeugen im Linien- oder im Gelegenheitsverkehr.

Die Rechtsprechung stellt für die Frage, wer eine Genehmigung als Unternehmer braucht, nicht in erster Linie auf die tatsächliche Durchführung der Beförderungsleistung ab, sondern darauf, wer dem Fahrgast als Ver-

---

4 BR Drs. 615/21(B).
5 Hierzu zählen nach § 4 PBefG auch Hoch- und U-Bahnen.

tragspartner des Beförderungsvertrags gegenübertritt.[6] Wer bloß im Auftrag eines anderen tätig wird, ist daher nicht Unternehmer und benötigt für die Durchführung des Auftragsverkehrs keine Genehmigung.[7] Auch wenn beim Busverkehr der Nachunternehmer nun gemäß § 2 Abs. 1a PBefG ebenfalls im Besitz einer Genehmigung sein muss, wird der Nachunternehmer nicht zum Unternehmer in Bezug auf den Verkehr, den er im Auftrag eines anderen Unternehmers durchführt. Denn § 2 Abs. 1a PBefG führt keinen Erlaubnisvorbehalt für die Betätigung als Nachunternehmer ein, sondern verlangt nur den Besitz (irgend-)einer Genehmigung für einen anderen als den Auftragsverkehr.[8] Die Verpflichtung nach § 3a PBefG kann den Nachunternehmer daher nicht in Bezug auf den Auftragsverkehr, sondern nur in Bezug auf den Verkehr treffen, für den er selbst als Unternehmer auftritt und deshalb eine Genehmigung besitzt. Sähe man dies anders, wären sowohl der Unternehmer als auch sein Nachunternehmer in Bezug auf denselben Verkehr zur Datenbereitstellung verpflichtet, was wenig Sinn ergäbe.

Noch etwas komplizierter wird der Unternehmerbegriff durch die Erweiterung des Begriffs der Beförderung in § 1 Abs. 1a PBefG. Hiernach liegt eine Beförderung nach § 1 Abs. 1 PBefG auch dann vor, wenn die Vermittlung und Durchführung der Beförderung organisatorisch und vertraglich verantwortlich kontrolliert wird. Wer in dieser Form „kontrolliert"[9] und nach § 1 Abs. 1a PBefG insofern befördert, benötigt ebenfalls

---

6 Ständige und einhellige Rechtsprechung, vgl. BVerwG, Urt. v. 27.08.2015 – 3 C 14.14, Rn. 16 ff. m.w.N.; *Bidinger*, Personenbeförderungsrecht, Erg.-Lfg. 2/21, § 2 Rn. 218 m.w.N.

7 VG Karlsruhe, Urt. v. 14.01.2003 – 5 K 1141/02, II. 2. a. bb.; im Ergebnis bestätigt durch VGH BW, Urt. v. 27.11.2003 – 3 S 709/03, Rn. 32.

8 Damit soll sichergestellt werden, dass die Anforderungen der VO (EG) Nr. 1071/2009 auch in Bezug auf den Nachunternehmer eingehalten und insbesondere die von ihm eingesetzten Busse in die Prüfung der finanziellen Leistungsfähigkeit einbezogen werden; so BT Drs. 19/26175, S. 38. Ob es verfassungskonform ist, eine an sich erlaubnisfreie Betätigung daran zu knüpfen, dass man die Erlaubnis für eine andere, erlaubnispflichtige Betätigung besitzt, darf durchaus bezweifelt werden. Die Prüfung der Anforderungen der VO (EG) Nr. 1071/2009 hätte man zielgerichteter durch die Schaffung eines entsprechenden Tatbestandes sicherstellen können. In der Praxis werden sich allerdings vielfach keine Probleme aus § 2 Abs. 1a PBefG ergeben, weil als Nachunternehmer häufig Unternehmen tätig sind, die Genehmigungen für Miet- oder Reisebusverkehre oder Linienverkehre an anderer Stelle besitzen.

9 Die Norm geht zurück auf Rechtsprechung zum Unternehmerbegriff und reagiert auf neue Geschäftsmodelle wie UBER; vgl. dazu jüngst OLG Frankfurt, Urt. v. 20.05.2021 – 6 U 18/20 Rn. 38; OVG Berlin, Beschl. v. 10.04.2015 – 1 S 96.14,

nach § 2 Abs. 1 PBefG eine Genehmigung. Wie eine als Beförderung geltende kontrollierende Einflussnahme auf die Vermittlung und Durchführung von Beförderungsleistungen einerseits von einer erlaubnisfreien Tätigkeit als „reiner" Vermittler andererseits abzugrenzen ist, wirft eine Reihe von Auslegungsfragen auf. Diese können hier allerdings offenbleiben. Denn die Verpflichtung nach § 3a PBefG gilt sowohl für Unternehmer als auch für Vermittler.

Wer als Vermittler zur Datenlieferung verpflichtet ist, soll sich aus § 2 Abs. 1b, § 1 Abs. 3 PBefG ergeben. Allerdings ist die dortige Definition alles andere als eindeutig: Als Vermittlung gilt gemäß § 1 Abs. 3 Satz 2 PBefG *„die Tätigkeit von Betreibern von Mobilitätsplattformen, deren Hauptgeschäftszweck auf den Abschluss eines Vertrags über eine gemäß § 2 genehmigungspflichtige Beförderung ausgerichtet ist, und die nicht selbst Beförderer nach Abs. 1 Satz 2 sind"*. Die Verwendung unbestimmter Begriffe wie „Mobilitätsplattformen" und „Hauptgeschäftszweck" trägt nicht zur Klarheit der Norm bei. Unbestimmt ist ferner, worauf sich der Relativsatz bezieht: kommt es auf den „Hauptgeschäftszweck" der Mobilitätsplattform oder des Betreibers oder gar der Tätigkeit an? Ebenfalls offen ist, ob der Betrieb einer Mobilitätsplattform ein Tatbestandsmerkmal der Vermittlung ist, sodass ohne Mobilitätsplattform keine Vermittlungstätigkeit im Sinne der Norm vorliegt, oder ob der Betrieb einer Mobilitätsplattform lediglich als Regelbeispiel gemeint ist, sodass wesentlich gleiche Tätigkeiten ebenfalls als Vermittlung gelten können.

Die Gesetzesbegründung liefert dazu keine eindeutigen Hinweise. Dort wird einerseits der Begriff *„Plattformbetreiber"* als Synonym für Vermittler genutzt.[10] Andererseits deutet die Begründung an anderer Stelle[11] daraufhin, dass nicht ausschließlich Plattformbetreiber als Vermittler gelten sollen. Auch der Begriff der Mobilitätsplattform ist nicht definiert. Die alltägliche Verwendung des Plattformbegriffs legt einen internetbasierten Dienst als konstitutives Merkmal nahe. So wird der Begriff auch in der Gesetzesbegründung verwendet.[12] Allerdings würden damit die vom Gesetzgeber mehrfach als Vermittler i.S.d. Norm ausdrücklich angesproche-

---

Rn. 28 ff.; OVG Hamburg, Beschl. v. 24.09.2014 – 3 Bs 175/14, Rn. 14; *Kramer/Hinrichsen*, GewA 2015, 145 ff.

10 BT Drs. 19/26175, S. 24.
11 BT Drs. 19/26175, S. 39: „*Darüber hinaus wird der Anwendungsbereich der Datenbereitstellung auf den Vermittler [...] erstreckt. Das sind juristische Personen/Mobilitätsdatenplattformen [...]*".
12 BT Drs. 19/26175, S. 23.

nen Taxizentralen[13] das Merkmal der „Mobilitätsplattform" dann nicht erfüllen, wenn sie mit ihren Kund*innen ohne Zuhilfenahme eines internetbasierten Dienstes kommunizieren.

Wer Vermittler ist, ist zwar hinsichtlich der Bereitstellung von Daten relevant. Sie unterliegen aber gemäß § 2 Abs. 1b Satz 1 PBefG nicht der Genehmigungspflicht und auch keinen weiteren Vorschriften des PBefG. Für die Praxis lässt dies erwarten, dass ein Verstoß gegen die Datenbereitstellungspflicht nicht ohne Weiteres feststellbar ist, weil bereits unklar ist, wer überhaupt Vermittler i.S.d. § 3a PBefG ist. Indes stellt sich ohnehin die Frage, warum sowohl Unternehmer als auch Vermittler zur Datenlieferung verpflichtet werden. Da sich die Tätigkeit des Vermittlers nach § 2 Abs. 1b, § 1 Abs. 3 PBefG auf Verkehre von Unternehmern i.S.d. PBefG bezieht, kommt es hierdurch – eine vollständige Pflichterfüllung aller Akteure unterstellt – zwangsläufig zu Doppellieferungen derselben Daten.

Einzelunternehmer sind nach § 3a Abs. 3 PBefG von der Datenbereitstellungspflicht ausgenommen. Sie können aber Daten freiwillig bereitstellen. Zwar ist nachvollziehbar, dass Kleinstunternehmen vom Erfüllungsaufwand der Datenbereitstellung verschont werden sollen. Die Vollständigkeit der Datenbasis, die zu multimodalen Angeboten und intermodalen Reiseketten im Interesse einer Tür-zu-Tür-Mobilität genutzt werden soll, leidet indes unter solchen Ausnahmen.

2. Einbezogene Verkehrsformen

Nach § 3a PBefG bereitzustellen sind Daten, die bei der Personenbeförderung im Linienverkehr und im Gelegenheitsverkehr entstehen, sowie die entsprechenden Metadaten. Diese Pflicht ist beschränkt auf Daten aus den Verkehrsformen der §§ 42, 42a, 44, 47, 49 und 50 PBefG. Diese Beschränkungen schließen Randbereiche der Beförderung aus, wie etwa Charterbusse (Ausflugsfahrten und Ferienziel-Reisen nach § 48 PBefG) und Sonderformen des Linienverkehrs mit Kraftfahrzeugen (§ 43 PBefG).

Der – für sich genommen missverständliche – Hinweis auf § 42 PBefG ist nach hiesiger Auffassung[14] so zu verstehen, dass sämtliche linienförmigen Verkehrsarten umfasst sind. Zwar gilt § 42 PBefG nach seiner systematischen Stellung im Gesetz nur für Linienverkehre mit Kraftfahrzeugen, also nicht für die – ebenfalls linienförmig verkehrenden – Straßenbahnen

---

13 BT Drs. 19/26175, S. 24 und S. 36.
14 Andere Auffassung *Wüstenberg*, ZD 2021, 421, 423.

oder Obusse (§ 28, § 41 PBefG). Dass auch diese von der Datenbereitstellungspflicht umfasst sein sollen, ergibt sich aber aus der Gesetzesbegründung. Demnach ist vorgesehen, *„Mobilitätsanbieter im Anwendungsbereich des PBefG (das heißt Taxen, Mietwagen, Poolingfahrzeuge und den Öffentlichen Personennahverkehr)"*[15] zur Datenbereitstellung zu verpflichten. Der Begriff des öffentlichen Personennahverkehrs umfasst nach § 8 Abs. 1 PBefG auch Straßenbahnen und Obusse. Außerdem wird in der Mobilitätsdatenverordnung (dazu B. II. 3.) hinsichtlich der eingesetzten Fahrzeuge zwischen Bus, U- und Straßenbahn unterschieden.

Ausgenommen sind mit § 43 und § 48 Verkehrsformen des Linien- und Gelegenheitsverkehrs, die für die Alltagsmobilität eine geringe Bedeutung haben dürften.

Vielfach wurde kritisiert, dass eine entsprechende Ausnahme für den Verkehr mit Mietomnibussen nach § 49 Abs. 1 PBefG nicht vorgesehen sei.[16] Obwohl dem Wortlaut nach alle Verkehre nach § 49 PBefG von der Datenbereitstellungspflicht gemäß § 3a Abs. 1 PBefG erfasst sind, vertritt das BMVI die Auffassung, *„Ausflugsfahrten mit angemieteten Bussen* [und] *Chauffeursfahrten mit angemieteten Limousinen"* seien hiervon ausgenommen.[17] Diese Auffassung lässt sich mit dem Wortlaut des § 3a PBefG schwerlich vereinbaren.

3. Statische und dynamische Daten

§ 3a PBefG unterscheidet statische und dynamische Daten. Statische Daten zeichnen sich dadurch aus, dass von ihnen erwartet wird, dass sie sich nicht, selten oder nicht regelmäßig ändern. Von dynamischen Daten wird genau das Gegenteil erwartet.

Für die Bereitstellung der Daten ist ein abgestufter Zeitplan vorgesehen. Die statischen Daten des Linienverkehrs gemäß § 3a Abs. 1 Nr. 1 lit. a) PBefG sind seit dem 01.09.2021 bereitzustellen. Weitere statische Daten des Linienverkehrs, die hauptsächlich dessen Zugangsinfrastruktur betreffen, und statische Daten des Gelegenheitsverkehrs sind seit dem

---

15 BT Drs. 19/26175, S. 38.
16 So bspw. *bdo*, „Stellungnahme des bdo im Rahmen der Verbändeanhörung zum Verordnungsentwurf des BMVI zu einer Mobilitätsdatenverordnung", 12.05.2021, S. 1 f.
17 https://www.bmvi.de/SharedDocs/DE/Artikel/DG/datenbereitstellung-nach-dem-pbefg.html, „Wen trifft nach dem Gesetz die Datenbereitstellungspflicht?", zuletzt abgerufen am 30.11.2021.

01.01.2022 bereitzustellen, § 3a Abs. 1 Nr. 1 lit. c), Nr. 2 lit. a) PBefG. Zum 01.07.2022 trat die Verpflichtung zur Bereitstellung dynamischer Daten im Linien- sowie im Gelegenheitsverkehr in Kraft, § 3a Abs. 1 Nr. 1 lit b), d), Nr. 2 lit. b) PBefG.[18]

4. Bereitstellung über den Nationalen Zugangspunkt

Die Daten müssen über den Nationalen Zugangspunkt (NAP[19]) bereitgestellt werden. Die Stelle, die den NAP betreibt, wird gemäß § 2 Nr. 11 IVSG vom BMVI bestimmt. Das BMVI hat damit die Bundesanstalt für Straßenwesen (BASt) beauftragt, die ihrerseits den *„Mobilitäts Daten Marktplatz"* (MDM) als NAP betreibt. Seit dem 30.06.2022 wird die Aufgabe des NAP von der *„Mobilithek"* übernommen.[20] Die technische Ausgestaltung der Mobilithek unterscheidet sich hinsichtlich ihrer technischen Ausgestaltung als NAP aber nicht wesentlich von der des MDM.[21]

Eine Bereitstellung *„über"* den NAP heißt insoweit nicht zwingend, dass die Daten dem NAP übermittelt werden müssten und dieser die Daten an die jeweiligen Empfänger weitergibt. Den Verpflichteten steht die Möglichkeit offen, den Datenabruf über ihre eigenen Systeme zu ermöglichen und dem NAP lediglich die Metadaten und den Verweis auf die Datenquelle zu übermitteln.

Die Mehrzahl der am MDM verfügbaren Einzeldatensätze werden hingegen über das sogenannte *„Brokering"* bereitgestellt. Für die Mobilithek ist ebenfalls vorgesehen, dass dynamische Daten über das Brokering bereitgestellt werden.[22] Dabei wird zwischen dem System des Datengebers und dem NAP eine aufwändig gesicherte Verbindung hergestellt. Über diese überträgt der Datengeber den jeweils aktuellen Datensatz, der dann vom NAP – ebenfalls über eine gesicherte Verbindung – an die Datennehmer weitergeleitet wird.

---

18 Art. 7. Gesetz zur Modernisierung des Personenbeförderungsrechts, 16.04.2021, BGBl. I S. 822.
19 Aus dem Englischen „national access point".
20 https://mobilithek.info/blog/start-der-mobilithek, zuletzt abgerufen am 01.09.2022.
21 https://emmett.io/article/mobilithek-nationaler-zugangspunkt-mobilitaetsdaten, https://www.telekom.com/de/konzern/details/daten-bringen-mobilitaet-voran-638 078, beide zuletzt abgerufen am 27.10.2021.
22 https://mobilithek.info/blog/nachlese-mobilithek-webinar, zuletzt abgerufen am 01.09.2022.

Statische Daten sind grundsätzlich nur einmalig zu übertragen, müssen aber aktualisiert werden, wenn sich Änderungen ergeben. Dynamische Daten müssen in Echtzeit bereitgestellt werden, § 3a Abs. 2 PBefG.

Bei der Erfüllung ihrer Bereitstellungspflicht können sich Unternehmer und Vermittler eines Erfüllungsgehilfen bedienen, § 3a Abs. 4 PBefG. Damit können bereits bestehende Einrichtungen zur Bündelung von Reise- und Verkehrsdaten wie DELFI[23] genutzt werden.[24] Einzelheiten dazu regelt § 2 Abs. 2 und 4 MDV.

Soweit in den Bundesländern schon Systeme zur landeseinheitlichen Zusammenführung von Daten bestehen, müssen die Unternehmer und Vermittler dort ihre Daten bereitstellen, § 3a Abs. 5 PBefG. Das Landessystem ist dann für die Weiterleitung der Daten an den NAP verantwortlich. Mit Landessystemen sind auch Systeme auf kommunaler Ebene[25] (Gemeinden und Gemeindeverbände[26]) gemeint. Diese Option ist in § 3a Abs. 5 PBefG ausschließlich für Daten nach § 3a Abs. 1 Nr. 1 PBefG, also für Daten aus dem Linienverkehr eröffnet. Warum dies nicht auch für Daten aus dem Gelegenheitsverkehr gelten soll und ob Unternehmer oder Vermittler ihre Daten teils über das Landessystem und teils über den NAP direkt bereitstellen müssen, wenn sie im Linien- und Gelegenheitsverkehr tätig sind, bleibt offen.

5. Keine Datengenerierungs- aber Datendigitalisierungspflicht

Die Liste der in § 3a Abs. 1 PBefG genannten statischen und dynamischen Daten ist lang. Muss nun jeder Unternehmer und Vermittler über sämtliche dort genannte Daten verfügen und müssen sie ihm in maschinenlesbarer Form vorliegen, damit er seiner Bereitstellungspflicht nachkommen kann?

Der Wortlaut der Norm liest sich so, als reiche die Unternehmereigenschaft bzw. Vermittlereigenschaft aus, um eine umfassende Verpflichtung zur Bereitstellung aller in § 3a Abs. 1 PBefG aufgelisteten Daten zu begründen. Dort heißt es: *„Der Unternehmer und der Vermittler sind verpflichtet, die folgenden statischen und dynamischen Daten (…) die im Zusammenhang mit*

---

23 DELFI steht für Durchgängige Elektronische Fahrgastinformation.
24 BT Drs. 19/26175, S. 40.
25 Dies wird in der Begründung zur MDV klargestellt, BR Drs. 615/21 (B), S. 2.
26 Dies wird in der Begründung der Ersten Änderungsverordnung zur MDV klargestellt, BR Drs. 787/21, S. 11.

der Beförderung von Personen im Linienverkehr (…) sowie im Gelegenheitsverkehr (…) entstehen, (…) bereitzustellen: (…)".

Gleichwohl ist die Verpflichtung nach hiesiger Auffassung beschränkt auf Daten allein aus den Verkehren, die der Unternehmer selbst betreibt bzw. die der Vermittler selbst vermittelt. Selbst wenn ihm also Daten aus Linien- oder Gelegenheitsverkehren anderer Unternehmer und Vermittler vorliegen, sind solche nicht Gegenstand seiner Bereitstellungspflicht. Denn dem Unternehmer ist nach § 9 Abs. 1 PBefG ein ganz bestimmter Verkehr genehmigt. Nur auf diesen beziehen sich alle übrigen personenbeförderungsrechtlichen Unternehmerpflichten. Nur in Bezug auf diesen Verkehr kann auch praktisch überprüft werden, ob der Unternehmer seine Datenbereitstellungspflicht erfüllt hat, denn über welche Daten anderer Verkehre er sonst noch verfügt, lässt sich kaum feststellen. Außerdem ergäbe eine „fremde" Daten umfassende Bereitstellungspflicht wegen der dadurch ausgelösten zigfachen Mehrfachlieferungen keinen Sinn. Nichts anderes kann für die Verpflichtung des Vermittlers gelten, auch wenn – mangels Genehmigung – für diesen womöglich schwieriger feststellbar ist, welche Verkehre er überhaupt vermittelt.

Selbst mit Blick auf die eigenen Verkehre fragt sich aber, welche Daten der Unternehmer bzw. Vermittler haben muss. Die Begründung zur MDV[27] führt dazu aus, dass die Unternehmer und Vermittler nicht dazu verpflichtet seien, Daten zu generieren. Von der Bereitstellungspflicht erfasst seien vielmehr nur Daten, *„die bei der Ausführung von Verkehren nach dem PBefG entstanden und die damit bereits vorhanden sind"*. Dies wirft die Frage auf, wann ein Datum entsteht und ob ein Unternehmer zwangsläufig Daten zu sämtlichen Vorgängen hat, die sich bei der Durchführung seiner Verkehrsleistungen abspielen. Wenn z.B. ein Linienbus mit Verspätung von einer Haltestelle abfährt, wird die Information hierüber erst dann zum Datum i.S.v. § 3a Abs. 1 Nr. 1 lit. b) PBefG, wenn sie dokumentiert wird. Mit Blick auf die dynamischen Daten kann nicht per se davon ausgegangen werden, dass alle Unternehmer bzw. Vermittler solche Daten erheben. Solange § 3a Abs. 1 PBefG also nicht mit der Verpflichtung verbunden ist, die betreffenden Daten zu generieren, werden insbesondere Echtzeitdaten nicht durchgängig verfügbar sein.

Über den NAP bereitgestellt werden können Daten nur in digitaler Form. Aus der Begründung zur MDV[28] ergibt sich, dass die Bereitstel-

---

27 BR Drs. 615/21, S. 9.
28 BR Drs. 615/21, S. 9.

lungspflicht alle vorhandenen Daten erfasst, sodass Daten, die noch nicht in maschinenlesbarer Form vorliegen, zu digitalisieren sind.

II. Datenabruf (§ 3b PBefG)

§ 3b PBefG regelt die Befugnisse des NAP in Bezug auf die Daten nach § 3a Abs. 1 PBefG. Ein Anspruch möglicher Datenbezieher auf Übermittlung bestimmter Daten gegen den NAP kommt im Wortlaut der Norm nicht zum Ausdruck. Hierfür spricht jedoch der Zweck der §§ 3a ff. PBefG. Diese dienen – neben behördlichen Kontrollzwecken – auch dazu, verkehrsträgerübergreifend Mobilitätsangebote zugänglich zu machen und neue, datenbasierte Angebote zu entwickeln. Die Gesetzesbegründung[29] spricht daher ausdrücklich von einem *„Zugangs- und Verwendungsrecht zu allen in § 3a Absatz 1 genannten Daten"*, das durch § 3b Abs. 1 Nr. 3 PBefG Dritten im Sinne der Norm (dazu B. II. 2.) eingeräumt werde.[30] Während dies auf die Anbieter von Reiseinformations- und Mobilitätsdienstleistungen zielt, soll § 3b Abs. 1 Nr. 1 PBefG den Behörden ein *„Nutzungsrecht"* einräumen.[31] Es ist zu vermuten, dass dies auch für § 3b Abs. 1 Nr. 2 PBefG gilt.

In § 3b Abs. 1 und 2 PBefG werden – feinsinnig differenziert – diejenigen Datenbezugsberechtigten und Zwecke aufgeführt, an bzw. für die der NAP Daten übermitteln darf. Nicht jeder Interessierte kann hiernach Daten bekommen und nicht jeder grundsätzlich Bezugsberechtigte darf die ihm jeweils zugeteilten Daten zu jedem Zweck nutzen.

1. Daten für staatliche Stellen

Mit Ausnahme von § 3b Abs. 1 Nr. 3 PBefG werden zum Datenabruf ausschließlich staatliche Stelle berechtigt. Die Zwecke, zu denen ihnen die Daten übermittelt werden, reichen von der Überprüfung und Überwachung bestimmter Vorgaben insbesondere in Bezug auf den Gelegenheitsverkehr (§ 3b Abs. 1 Nr. 1 PBefG) über Verkehrsuntersuchungen-, planung und -lenkung (§ 3b Abs. 1 Nr. 2 PBefG) bis hin zu Statistiken und Berichten durch das BMVI und das Statistische Bundesamt bzw. die Landesämter

---

29 BT Drs. 19/26175, S. 41.
30 Darüber hinaus können sich Ansprüche aus dem IFG, UIG und IWG ergeben, vgl. *Niemann/Scharl/Stegemann* in Mobility Impacts, 01.2021, S. 32 f.
31 BT Drs. 19/26175, S. 40.

für Statistik (§ 3b Abs. 1 Nr. 4 und 5 PBefG). Hierbei bekommt nicht jede staatliche Stelle alle Daten nach § 3a PBefG. Vielmehr ordnet § 3b Abs. 1 Nr. 1, 2, 4 und 5 PBefG jeder Stelle für den jeweiligen Zweck nur bestimmte Daten zu.

So sind gemäß § 3b Abs. 1 Nr. 1 PBefG an Aufgabenträger, Genehmigungsbehörden und Planfeststellungsbehörden *statische Daten aus dem Linien- und Gelegenheitsverkehr* zu übermitteln. Dies jedoch nur, sofern diese die Daten dazu nutzen, um die Einhaltung

- von Maßgaben nach § 40 PBefG, Fahrpläne,
- von Maßgaben nach § 41 PBefG, Obusse,
- von Maßgaben nach § 49 Abs. 4 PBefG, Mietwagen, oder
- der Bündelungsquote und weiterer Vorgaben der Genehmigungsbehörde im gebündelten Bedarfsverkehr, § 50 Abs. 3 und 4 PBefG

zu überwachen.

Die Überwachung der räumlichen Beschränkung des gebündelten Bedarfsverkehrs nach § 50 Abs. 2 PBefG ist dagegen nicht umfasst. Daneben dürfen die statischen Daten von den Aufgabenträgern, den Genehmigungsbehörden und den Planfeststellungsbehörden genutzt werden, um die Maßgaben für die Beförderungsentgelte bei Taxen und Mietwagen gemäß §§ 51, 51a PBefG zu überprüfen. Wie jedoch die Einhaltung eines Fahrplans oder welche Maßgaben für Obusse mithilfe rein statischer Daten überprüft werden können, ist nicht ersichtlich.

Für die Überprüfung von Maßgaben nach § 49 Abs. 4 (Mietwagen), § 50 Abs. 3 und 4 (gebündelter Bedarfsverkehr) und § 51a Abs. 1, 2 und 4 PBefG (Beförderungsentgelte im Mietwagen- und im gebündelten Bedarfsverkehr) sind den Aufgabenträgern und den Genehmigungsbehörden nach § 3b Abs. 1 Nr. 1 PBefG auch *dynamische Daten aus dem Gelegenheitsverkehr* zur Verfügung zu stellen. Dies umfasst wegen des Verweises auf § 50 Abs. 4 PBefG nach hiesiger Auffassung[32] auch die ggf. festgelegte Rückkehrpflicht nach § 50 Abs. 1 Satz 3 PBefG.

Gemäß § 3b Abs. 3 PBefG sind die Aufgabenträger, Genehmigungsbehörden und Planfeststellungsbehörden befugt, die übermittelten Daten zu erheben, zu speichern und zu verwenden, soweit das zur Erfüllung der oben genannten Zwecke erforderlich ist.

Am praktischen Nutzen dieser Datenabrufoption bestehen gewisse Zweifel. So besitzen u.E. die Genehmigungsbehörden, die gemäß § 54 PBefG ohnehin die Aufsicht über die Unternehmer ausüben, aus § 54a

---

32 Andere Ansicht *Wüstenberg*, ZD 2021, 421, 425.

PBefG auch das Recht auf Zugang zu den Reise- und Verkehrsdaten eines Unternehmers. Jedenfalls kann die Genehmigungsbehörde gemäß § 15 Abs. 3 PBefG die Genehmigung unter der Auflage erteilen, entsprechende Daten bereitzustellen. Dieser direkte Weg dürfte für Genehmigungsbehörden einfacher zu beschreiten sein als eine Datenabfrage über den NAP. Für Aufgabenträger indes mag der Datenbezug nach § 3b Abs. 1 Nr. 1 PBefG eine Erweiterung ihrer Erkenntnisquellen darstellen.

Weiterhin sind Ländern, Aufgabenträgern und Kommunen gemäß § 3b Abs. 1 Nr. 2 PBefG *statische Daten des Linienverkehrs* und *statische sowie – allerdings nur in anonymisierter Form – dynamische Daten des Gelegenheitsverkehrs* vom NAP zu übermitteln. Der Bezug steht unter der Voraussetzung, dass die Daten für die Durchführung von Verkehrsuntersuchungen, zur Ausgestaltung von Maßnahmen zur effizienten Verkehrsplanung oder Verkehrslenkung genutzt werden. Weiterhin können die Daten zur Fortentwicklung der Barrierefreiheit nach § 50 Abs. 3 und §§ 64b, 64c PBefG verwendet werden.

Unklar bleibt an dieser Stelle, was mit Anonymisierung der Daten nach § 3a Abs. 1 Nr. 2 lit.b) PBefG (dynamische Daten des Gelegenheitsverkehrs) gemeint ist. Eine Definition findet sich nicht im PBefG, allerdings in § 3 Nr. 12 DNG. Daraus ergibt sich allerdings ausschließlich eine Anwendung auf Daten, die einen Bezug zu natürlichen Personen aufweisen. Demnach ließe sich vertreten, dass damit die Löschung eines eventuellen Personenbezugs aus den Daten gemeint ist. Allerdings geht es in der Norm um Daten zur Verfügbarkeit von Fahrzeugen, ihrer Auslastung in Echtzeit und zu den abgerechneten Kosten. Es erschließt sich nicht unmittelbar, inwiefern hier personenbezogene Daten im Spiel sein könnten, die nach den Maßstäben des DNG anonymisiert werden könnten. Aus der Gesetzesbegründung ergibt sich hingegen, dass Angaben über *„die konkrete Person des Beförderers"* aus den Daten gelöscht werden sollen.[33] Mit Beförderer sind im PBefG i. d. R. jedoch die Verkehrsunternehmen gemeint und damit häufig gerade keine natürlichen Personen. Weiterhin sind Daten, wie Name und Kontakt des Anbieters, die also Aufschluss über die konkrete Person des Beförderers geben können, in § 3a Abs. 1 Nr. 2 lit. a) PBefG genannt. Es lässt sich damit lediglich spekulieren, welche Rechtsfolge der Gesetzgeber mit der Anordnung der Anonymisierung erzielen wollte. Denkbar – gleichwohl nahezu absurd – wäre, dass den Ländern, Aufgabenträgern und Kommunen zwar Daten darüber zur Verfügung gestellt werden, dass an einer bestimmten Stelle ein Fahrzeug verfügbar war, aber nicht

---

33 BT Drs. 19/26175, S. 40.

welches Verkehrsunternehmen dieses anbietet. Offen bleibt außerdem, inwiefern der NAP die Anonymisierung umsetzen soll und ob es ihm überhaupt erlaubt ist. Denn gemäß § 3b Abs. 1 PBefG ist der NAP lediglich zur Erhebung, Speicherung, Verwendung und Übermittlung, nicht aber zur Veränderung befugt.

Völlig unverständlich ist, dass der Bezug *dynamischer Daten des Linienverkehrs* – insbesondere über Ausfälle, Verspätungen und Störungen sowie Auslastung von Verkehrsmitteln – den Ländern, Kommunen und Aufgabenträgern oder auch Genehmigungsbehörden nach § 3b Abs. 1 PBefG verwehrt bleibt. Dritte hingegen können diese Daten bekommen, wenn auch nur zum Zweck der Erbringung von Reiseinformations- und Mobilitätsdienstleistungen. Warum also nicht auch Behörden?

Zwar „darf" der NAP gemäß § 3b Abs. 2 Nr. 2 PBefG den Ländern und Kommunen die in § 3a Abs. 1 PBefG erfassten Daten – also *statische und dynamische Daten des Linien- und Gelegenheitsverkehrs – in anonymisierter Form* zur Verfügung stellen. Dies jedoch nur, sofern die Daten für hoheitliche Zwecke, wie Verkehrslenkung oder den Klimaschutz erforderlich sind. Jenseits dieser Zwecke wären aber insbesondere auch dynamische Daten, etwa zu regelmäßig auftretenden Verspätungen und zur Auslastung von Verkehrsmitteln, gerade auch für die Nahverkehrsplanung und weiteren Maßnahmen zur Sicherstellung der ausreichenden Verkehrsbedienung (§ 8 Abs. 3 PBefG) erforderlich. Es ist daher nicht einzusehen, dass der Gesetzgeber Aufgabenträgern zu diesen Zwecken kein Zugangsrecht zu den dynamischen Daten einräumt.

Wie dargestellt ergibt sich aus § 3b Abs. 1 PBefG ein Anspruch auf Zugang zu den genannten Daten (siehe B. II.). Die andersartige Formulierung in § 3b Abs. 2 PBefG lässt die Auslegung zu, dass sich im Gegensatz zu Absatz 1 aus Absatz 2 kein individueller Anspruch auf Zugang zu den genannten Daten ergibt. Auch in der Gesetzesbegründung heißt es lediglich, dass der NAP die Daten zu den genannten Zwecken bereitstellen „*kann*".[34]

2. Daten für „Dritte"

An so genannte „*Dritte*" ist gemäß § 3b Abs. 1 Nr. 3 PBefG die Übermittlung der Daten durch den NAP nur „*zur Erbringung bedarfsgesteuerter Mobilitätsdienstleistungen oder multimodaler Reiseinformationsdienste*" erlaubt. Auch wenn der Begriff Dritte den Kreis potenzieller Datenbezieher zu-

---

34 BT Drs. 19/26175, S. 41.

nächst weit fasst, schränkt der in der Norm genannte Zweck der Datenweitergabe den Kreis der in Betracht kommenden Dritten deutlich ein: Es muss sich um Reiseinformations- oder Mobilitätsdienstleister handeln.

Grundsätzlich dürfen an Dritte alle in § 3a Abs. 1 PBefG genannten Daten übermittelt werden. Das gilt für dynamische Daten des Gelegenheitsverkehrs ausnahmsweise dann nicht, wenn aufgrund besonderer Umstände des Einzelfalls mit den Daten Bewegungen und Standorte individualisierbarer Personen nachvollzogen werden können und diese in die Übermittlung nicht eingewilligt haben.

§ 3b Abs. 1 Nr. 3 PBefG beschränkt den Datenabruf auf Zwecke „*multimodaler*" Reiseinformationsdienste und „*bedarfsgesteuerter*" Mobilitätsdienste. Dem Wortlaut nach hätte dies zur Folge, dass Dritte, die nur über ein Verkehrsmittel informieren bzw. nur linienförmige Verkehrsdienste anbieten wollen, keine Daten vom NAP bekommen dürften. Nach hiesiger Auffassung sind jedoch die Attribute „multimodal" und „bedarfsgesteuert" keine tauglichen Tatbestandsmerkmale für die Differenzierung zwischen verschiedenen Arten von Informations- oder Mobilitätsdienstleistern.

So gibt es keinen sachlichen Grund, einen Anbieter, der ausschließlich Reiseinformationsdienste über z.B. Linienverkehre mit Kraftfahrzeugen anbietet – und daher keine multimodalen Reiseinformationsdienste – vom Datenbezug auszuschließen. Derselbe Anbieter wäre nach der Norm nur dann zum Datenbezug berechtigt, wenn er zugleich Informationen zu irgendeinem weiteren Verkehrsmittel, wie z.B. zum Carsharing, anböte – und damit ein multimodaler Reiseinformationsdienstleister würde. Wessen Interessen würden durch eine solche Differenzierung geschützt? Da die Norm individualschützend ist (oben vor B. II. 1.), setzt eine Ungleichbehandlung voraus, dass diese durch einen sachlichen Grund gerechtfertigt ist.[35]

Hinsichtlich der Beschränkung auf „bedarfsgesteuerte" Mobilitätsdienstleistungen stellt sich die Frage, welche Mobilitätsdienstleistungen bedarfsgesteuert sein sollen. Rein sprachlich liegt es nahe, darunter die Verkehrsformen des „Linienbedarfsverkehrs" und des „Gebündelten Bedarfsverkehrs" zu fassen, die im Zuge der PBefG-Novelle in §§ 44, 50 PBefG eingeführt wurden. Dies hätte zur Folge, dass beispielsweise ein Mietwagenunternehmer vom Datenbezug ausgeschlossen wäre, obwohl auch er seine Leistungen nur nach Bedarf, nämlich dann anbietet, wenn ein Fahrgast einen individuellen Fahrtwunsch geäußert hat. An den Anbieter eines ge-

---

[35] Statt aller: *Kischel*, in: BeckOK Grundgesetz, Epping/Hillgruber, 49. Edition, Stand 15.11.2021, Art. 3 Rn. 24 ff.

bündelten Bedarfsverkehrs nach § 50 PBefG dürften dagegen Daten übermittelt werden. Aber selbst wenn man „bedarfsgesteuert" dahingehend weit versteht, dass davon alle nur auf Kundenanfrage hin durchgeführten Verkehrsformen erfasst (d.h. nur Linienverkehre mit festem Fahrplan ausgeschlossen) sind, führt dies zu keinem befriedigendem Ergebnis. Sowohl die Bedarfsverkehre nach §§ 44, 50 PBefG wie auch alle anderen von einem individuellen Kundenwunsch abhängigen Angebote (sonstige Gelegenheitsverkehre) können auch ohne die Daten des NAP betrieben werden. Der Zugang Dritter zu den Daten kann also stets nur der Verbesserung ihrer Angebote dienen, z.B. zur Abstimmung auf fahrplanmäßige Angebote, zur Anbindung von Haltestellen als Zu-/Abbringerverkehre etc. Es ist kein Grund erkennbar, wieso die Anbieter linienförmiger Verkehre dieses Potenzial nicht auch nutzen dürfen, also z.B. Daten abrufen können, um ihre Fahrpläne zu optimieren. Auch hierin läge eine Ungleichbehandlung, ohne dass dafür ein sachlicher Grund erkennbar ist.

Anhaltspunkte dafür, dass diese Ungleichbehandlung das Ziel des Gesetzgebers wäre, lassen sich der Gesetzesbegründung nicht entnehmen. Gleichwohl findet sich der Wortlaut auch in der später erlassenen Mobilitätsdatenverordnung. Im Ergebnis lässt sich der Kreis der Berechtigten mittels der Merkmale „multimodal" und „bedarfsgesteuert" nicht mit Sicherheit bestimmen, jedenfalls nicht sachgerecht einschränken.

3. Die Mobilitätsdatenverordnung

Gemäß §§ 3a Abs. 1, 3b Abs. 1 PBefG ergeben sich weitere Maßgaben für die Datenbereitstellungspflicht und den Datenbezug aus der MDV.

Für den Datenbezug müssen sich Dritte gemäß § 6 MDV am NAP registrieren. Gemeint sind Dritte i.S.v. § 3b Abs. 1 Nr. 3 PBefG. In der Praxis war bei der Registrierung am MDM (oben B. I. 4.) über die gesetzlichen Erfordernisse hinaus auch die Homepage anzugeben, damit die Angabe zu ihrer Geschäftstätigkeit überprüft werden kann. Die neue Mobilithek geht offenbar einen ähnlichen Weg und erfordert für den Datenbezug mittels Brokering die Registrierung einer Organisation.

Daten, die per Brokering (oben B. I. 4.) am NAP zugänglich gemacht werden, können Dritte nur beziehen, wenn sie sich dem Brokering ebenfalls anschließen. Damit geht – wie bei den Datengebern – die Einrichtung einer gesicherten Verbindung zwischen den Dritten und dem NAP einher. Um die Daten über den NAP per Brokering schließlich auch beziehen zu können, müssen die Datennehmer zudem die jeweiligen Datensätze, die am NAP verfügbar sind, *„abonnieren"*. Der Regelfall ist ferner, dass der

Bezug des Datensatzes per Brokering von der Zustimmung des Datengebers abhängig ist. Es bleibt abzuwarten, wie das Zustimmungserfordernis praktikabel umgesetzt werden soll und wie verfahren werden soll, wenn ein Datengeber die Zustimmung verweigert (zum Zugangsrecht zu den Daten s. B. II.)

§ 7 MDV enthält Vorgaben zur Verwendung der Daten durch Dritte. So müssen Dritte die Daten unter Zuordnung zum jeweiligen Datengeber verwenden. Die Darstellung der Reiserouten darf nicht irreführend sein oder die Entscheidungsfreiheit der Endnutzer*innen beeinträchtigen. Die Daten müssen aktuell sein und dürfen nicht verfälscht oder zu anderen Zwecken verwendet werden. Eine Ergänzung der Daten um weitere Informationen ist dagegen möglich, muss allerdings unter Angabe der Quelle geschehen.

Für Verstöße sieht § 5 Abs. 2 MDV vor, dass der NAP dem Dritten in bestimmten Fällen den Zugang zu den Daten entziehen muss. In anderen Fällen liegt der Ausschluss vom Datenzugang im Ermessen des NAP.

Im Anhang der MDV findet sich zudem eine detaillierte Auflistung der bereitzustellenden Daten. Den jeweiligen Daten wird zudem zuordnet, in welchem Datenformat sie bereitzustellen sind und welcher Standard hinsichtlich ihrer Struktur einzuhalten ist.

Am 01.01.2022 sind § 3a Abs. 1 Nr. 1 lit. c), Nr. 2 lit. a) PBefG in Kraft treten (oben B. I. 3.). Hierzu hat der Bundesrat am 17.12.2021 beschlossen, der Ersten Verordnung zur Änderung der Mobilitätsdaten (Erste MDV-ÄV) zuzustimmen.[36] Neben den Anpassungen an die in Kraft getretenen Regelungen im PBefG, werden nun auch Zugangspunkte erwähnt, die von Gemeindeverbänden betrieben werden, Art. 1 Nr. 2 lit. c), Nr. 4 der Ersten MDV-ÄV.

Gemäß Art. 1 Nr. 5 Erste MDV-ÄV wurde zudem der Anhang der MDV erweitert werden. Hier werden die zu verwendenden Datenformate und -standards beschrieben. Auffällig ist, dass etwa zu Buchungs- und Bezahlmöglichkeiten kein Standard genannt wird. Darüber hinaus wird als Datenformat JSON gefordert. Dies wirft Fragen auf. Einerseits ist nicht ersichtlich, wieso nicht der sonst genannte Standard NeTEx bzw. seine VDV-Entsprechung genannt wird. Andererseits verwenden NeTEx und VDV im Grundsatz XML als Datenformat. Ähnliche Inkonsistenzen finden sich auch in anderen der neu hinzugekommen Datenkategorien.

Mit Inkrafttreten des § 3a Abs. 1 Nr. 1 lit. b), lit. d), Nr. 2 lit. b) PBefG zum 01.07.2022 wurde auch die MDV entsprechend geändert. Neben den

---

36 BR Drs. 787/21.

notwendigen Anpassungen, insbesondere des Anhangs, zur Bereitstellung dynamischer Mobilitätsdaten, enthält diese Zweite Verordnung zur Änderung der Mobilitätsdatenverordnung auch den Hinweis, dass die Bereitstellung von Daten zu den tatsächlich abgerechneten Kosten im Gelegenheitsverkehr entfällt.[37]

C. Blick in das europäische Recht

Bei der erstmaligen Regelung zu Mobilitätsdaten in §§ 3 a ff. PBefG hatte der Gesetzgeber auch europarechtliche Normen im Blick, die diese Materie betreffen.

So bezieht sich die Gesetzesbegründung an verschiedenen Stellen auf die Delegierte Verordnung (EU) 2017/1926[38] (im Folgenden MMTI DEL VO, aus dem englischen Titel „*multimodal travel information*"). Die MMTI DEL VO ist auf Grundlage der Richtlinie 2010/40/EU[39] (im Folgenden IVS-RL, „*Intelligente Verkehrssysteme*") erlassen worden. Als Verordnung beansprucht die MMTI DEL VO in den Mitgliedstaaten unmittelbare Geltung, während die IVS-RL in Deutschland im IVSG umgesetzt wurde. Der IVS-RL geht es um die koordinierte und kohärente Einführung intelligenter Verkehrssysteme in der Union. Dabei gehört nach Art. 2 Abs. 1 IVS-RL die „*optimale Nutzung von Straßen-, Verkehrs- und Reisedaten*" zu den vorrangigen Bereichen und die Bereitstellung „*EU-weiter multimodaler Reiseinformationsdienste*" zu den vorrangigen Maßnahmen, für die die Kommission Spezifikationen und Normen festlegen soll.

Zu diesem Zweck sieht die MMTI DEL VO die Bereitstellung von statischen und – insoweit optional – dynamischen Daten über einen NAP vor, Art. 4, 5 MMTI DEL VO. Von dieser Pflicht sind Verkehrsbehörden, Verkehrsbetreiber, Infrastrukturbetreiber und Anbieter von nachfrageorientieren Verkehrsangeboten erfasst. Eine Unterscheidung – wie im deutschen

---

37 BR. Drs. 189/22, S. 6.
38 Delegierte Verordnung (EU) 2017/1926 der Kommission vom 31. Mai 2017 zur Ergänzung der Richtlinie 2010/40/EU des Europäischen Parlaments und des Rates hinsichtlich der Bereitstellung EU-weiter multimodaler Reiseinformationsdienste, ABl. L 272 vom 21.10.2017, S. 1–13.
39 Richtlinie 2010/40/EU des Europäischen Parlaments und des Rates vom 7. Juli 2010 zum Rahmen für die Einführung intelligenter Verkehrssysteme im Straßenverkehr und für deren Schnittstellen zu anderen Verkehrsträgern, ABl. L 207 vom 6.8.2010, S. 1–13.

Recht – nach bestimmten Verkehrsformen findet sich nicht. Erfasst sind alle Angebote auf der Straße, der Schiene, dem Wasser und in der Luft.

Anders als § 3b PBefG begrenzt die MMTI DEL VO auch nicht den Kreis derer, die Daten über den NAP beziehen können. Zwar ist der Begriff des Nutzers in Art. 2 Nr. 11 MMTI DEL VO definiert und sind dort Beispiele möglicher Datenbezieher genannt. Es spricht jedoch einiges dafür, dass sich hieraus keine Ausschlusswirkung ergibt. So ist die Aufzählung nicht abschließend und es wird ausschließlich darauf abgestellt, dass die Genannten den NAP tatsächlich nutzen. Gemäß der deutschen Übersetzung seien Nutzer grundsätzlich *„Einrichtungen"*, womit natürlichen Personen der Zugang zu den Daten am NAP verwehrt bliebe. In der englischen Fassung wird dagegen der Begriff *„entity"* verwendet, mit dem auch natürliche Personen gemeint sein können.[40] Während alle anderen Sprachfassungen nachträglich geändert wurden, um Änderungen in der Übersetzung vorzunehmen, gab es in der englischen Fassung keine nachträglichen Änderungen. Es ist daher davon auszugehen, dass die englische Fassung als Referenz vorzugwürdig bei der Auslegung ist.

Gemäß Art. 4 Abs. 4, 5 Abs. 3 MMTI DEL VO müssen zudem APIs, also Programmierschnittstellen, die über den NAP Zugang zu den genannten Daten bieten, öffentlich zugänglich sein. Außerdem müssen sie es Nutzern und Endnutzer*innen ermöglichen, sich für den Zugang registrieren zu können. Dieser Punkt bestärkt die Auffassung, dass der Datenbezug nicht auf bestimmte Kreise von Empfängern beschränkt sein soll. Aus welchem Grund der Zugang zu den Daten am NAP beschränkt sein, der Zugang zu genutzten APIs hingegen selbst Endnutzer*innen grundsätzlich offenstehen sollte, ist nicht erkennbar. Es spricht alles dafür, dass die Unterscheidung zwischen Nutzern und Endnutzer*innen lediglich den Unterschied zwischen jenen aufzeigen soll, denen es – zu welchem Zweck auch immer – auf Zugang zu den tatsächlichen Daten ankommt (Nutzer) und jenen, die an Reiseinformationen interessiert sind (Endnutzer*innen).

Daneben finden sich in Art. 4 Abs. 1, 5 Abs. 1 MMTI DEL VO Vorgaben, welche Standards bei der Bereitstellung der Daten zu verwenden sind. Genannt sind in erster Linie Standards vom Europäischen Komitee für Normung. Der Umfang der bereitzustellenden Daten ergibt sich aus dem Anhang der MMTI DEL VO. Eine detaillierte Zuordnung, welcher Datensatz oder welche Datenkategorie welchem Standard zu entsprechen hat, wird nicht vorgenommen. Da die angeführten Standards in der Regel oh-

---

40 https://www.bea.gov/help/faq/1061, zuletzt abgerufen am 30.11.2021.

nehin eine Definition ihres Anwendungsbereichs beinhalten, erscheint dieses Vorgehen naheliegend.

Art. 6 Abs. 1 und Art. 8 Abs. 2, 3 MMTI DEL VO enthalten Vorgaben, wie Reiseinformationsdienste mit den über den NAP abgerufen Daten in der Kommunikation mit Endnutzer*innen zu verfahren haben. Die Vorgaben, denen auch § 7 MDV entspricht, verpflichten zur Verwendung aktueller Daten, zur Angabe der Datenquelle und dazu, die Daten nicht irreführend zu verwenden.

Es ist abzusehen, dass die in Art. 8 Abs. 4 MMTI DEL VO vorgesehene Option, eine etwaige finanzielle Vergütung für die Bereitstellung der Daten im Rahmen von Lizenzvereinbarungen zu verlangen, wenig praktische Anwendung finden dürfte. Einerseits gilt weiterhin die Maxime, dass Lizenzvereinbarungen die Möglichkeiten der Weiterverwendung nicht unnötig einschränken und den Wettbewerb nicht verhindern dürfen. Andererseits wird die zulässige Höhe der Vergütung anhand der rechtmäßig anfallenden Kosten für die Bereitstellung und Verbreitung der Daten bemessen. Ein Datenhandel dürfte damit ausgeschlossen sein. Vielmehr dürfte lediglich ein finanzieller Ausgleich für die – durch die Erhebung und Bereitstellung entstehende – Mehrbelastung rechtmäßig sein. Eine Aufteilung und Abrechnung der Mehrkosten einzelner Datenbereitstellungsakte dürfte in der Regel kaum wirtschaftlich und rechtssicher durchführbar sein.

D. Open Data oder Datenprotektionismus?

Obwohl sowohl §§ 3a ff. PBefG als auch die MMTI DEL VO die Datenbereitstellung im Bereich der Mobilität betreffen, weisen die beiden Rechtsregime deutliche Unterschiede auf. Diese beruhen auf unterschiedlichen Maximen des Umgangs mit diesen Daten.

I. Vergleich der Regelungsregime

So ergibt sich aus der MMTI DEL VO keine Beschränkung der Verwendungsmöglichkeiten der Daten. Sie normiert zwar Vorgaben, wie Reiseinformationsdienstleister mit den Daten in der Kommunikation mit Endnutzer*innen zu verfahren haben. Dies dient dem unverfälschten Wettbewerb wie auch dem Verbraucherschutz. Aber ein Ausschluss bestimmter Verwendungszwecke findet sich in der MMTI DEL VO nicht.

Auch der Kreis derer, die Daten beim NAP beziehen können, wird durch keine Regelung der MMTI DEL VO beschränkt. Im Gegenteil soll sogar Endnutzer*innen der Zugang zu den APIs offenstehen, die den Zugang zu den Daten über den NAP ermöglichen.

Außerdem ist der Umfang der einbezogenen Daten bedeutend größer. Die erfassten Adressaten und Verkehrsträger sind so umfassend, dass der Umfang der Daten nur von der Aufzählung im Anhang der MMTI DEL VO begrenzt wird. Dort sind etwa der Luftverkehr, Eisenbahnen inkl. Hochgeschwindigkeitsbahnen, Fähren, Untergrundbahnen, Stadt- und Fernbusse, Carsharing, Carpooling, Bikesharing und viele weitere aufgeführt. Lediglich hinsichtlich der dynamischen Daten legt die MMTI DEL VO die Entscheidung, diese bereitzustellen, in die Hände der Mitgliedstaaten.

Der Bundesgesetzgeber hat von seiner Entscheidungsfreiheit Gebrauch gemacht und in § 3a PBefG die Bereitstellung von dynamischen Daten als Pflicht der Unternehmer und Vermittler geregelt.

Allerdings ist der Gegenstand dieser Datenbereitstellungspflicht bereits erheblich dadurch eingeschränkt, dass sie „nur" im PBefG geregelt wurde. Denn dadurch bezieht sie sich zwangsläufig auf Datensätze solcher Verkehre, die auf Straßen oder Straßenbahnschienen stattfinden und eine Beförderungsleistung enthalten. Es ist damit nur ein Bruchteil der Daten erfasst, die die MMTI DEL VO vorsieht. Lediglich hinsichtlich der Daten des Gelegenheitsverkehrs gehen die Vorgaben des PBefG über das hinaus, was die MMTI DEL VO für nachfrageorientierte Verkehrsangebote verlangt.

Jedoch fehlen Datenbereitstellungspflichten sowohl für den Schienenpersonenverkehr mit Eisenbahnen wie auch für sämtliche andere Mobilitätsangebote außerhalb des PBefG. Zwar gelten insoweit unmittelbar die Bereitstellungspflichten gemäß MMTI DEL VO. Diese beziehen aber die aus der Sicht der Endnutzer*innen (Fahrgäste, Reisende) wichtigen dynamischen Daten nicht mit ein (siehe oben C.). Ohne nationalrechtliche Regelung ist daher nicht sichergestellt, dass Echtzeitinformationen zu den öffentlichen Personenverkehrsdiensten und den öffentlich zugänglichen Mobilitätsangeboten zur Verfügung stehen. Ohne Echtzeitdaten zu Mobilitätsangeboten auch außerhalb des PBefG können keine umfassenden multimodalen Informationsdienste entstehen.

Mehr noch fällt ins Gewicht, dass die Verfügbarkeit und Verwendung der Daten in § 3b PBefG ganz erheblich eingeschränkt werden, ohne dass dafür ein sachlicher Grund erkennbar wäre. So stellt § 3b PBefG die Nutzung der Daten zu Kontrollzwecken staatlicher Stellen in den Vordergrund. Ein gewisses Misstrauen gegenüber diesen Stellen schwingt aber mit. Anders ist nicht erklärbar, dass z.B. Aufgabenträger keine dynamischen Daten des Linienverkehrs bekommen – jedenfalls nicht zu Kontrollzwecken und auch nicht für die Verkehrsplanung, sondern allenfalls gemäß § 3b Abs. 2 PBefG für *„Verkehrslenkung oder den Klimaschutz"*. Daten zum Zweck der Reiseinformation nach § 3b Abs. 1 Nr. 3 PBefG werden nur dem schwer abgrenzbaren Kreis der Anbieter von „multimodalen Reiseinformationsdiensten" und „bedarfsgesteuerten Mobilitätsdienstleistungen" zur Verfügung gestellt (siehe oben B. II. 2.).

Ferner drängt sich der Verdacht auf, dass der Gesetzgeber das – aus gutem Grund – enge und regelungsintensive Regime der DSGVO[41] auf die in § 3a Abs. 1 PBefG aufgeführten Mobilitätsdaten anwendet, obwohl diese in aller Regel keinen Personenbezug aufweisen. So finden sich mit *„erheben"* und *„verwenden"* zum einen Begriffe der DSGVO in §§ 3a ff. PBefG und der MDV wieder. Zum anderen erinnert die Festlegung, an wen die Daten zu welchem Zweck übermittelt werden dürfen, ebenfalls an die DSGVO. Dies gilt auch für das Verbot, die Daten zu anderen als den genannten Zwecken zu verwenden. Diese Vorgehensweise ist keinesfalls zwingend. Denn die absolute Mehrzahl der betroffenen Daten – etwa Fahrpläne oder Tarifinformationen – können für sich genommen bereits keinen Personenbezug aufweisen.

Die MMTI DEL VO räumt den Mitgliedstaaten ausweislich ihres Erwägungsgrundes (10) bewusst einen großen Gestaltungsraum dahingehend ein, wie sie ihren NAP im Einzelnen ausgestalten. Zumindest die Mobilithek soll dabei die Standards der *„International Data Space Association (IDSA)"* einhalten.[42] Diese Standards wurden entwickelt, um Unternehmen den Austausch geheimer oder zumindest nichtöffentlicher Daten untereinander, in einem geschützten Raum zu erleichtern.[43] Die Mobilithek soll dabei die Aufgaben des Open-Data-Portals des BMVI, mCLOUD, und des NAP übernehmen.[44] Die Daten, die über die Mobilithek bereitgestellt werden, sind also – wie im Fall der Mobilitätsdaten – ohnehin zum Großteil öffentlich bekannt oder – wie im Fall der Daten aus der mCLOUD – sogar

---

41 Verordnung (EU) 2016/679 des Europäischen Parlaments und des Rates vom 27. April 2016 zum Schutz natürlicher Personen bei der Verarbeitung personenbezogener Daten, zum freien Datenverkehr und zur Aufhebung der Richtlinie 95/46/EG (Datenschutz-Grundverordnung), ABl. L 119 vom 4.5.2016, S. 1–88.
42 https://www.telekom.com/de/konzern/details/daten-bringen-mobilitaet-voran-638078, zuletzt abgerufen am 26.10.2021.
43 https://github.com/International-Data-Spaces-Association/idsa, zuletzt abgerufen am 26.10.2021.
44 https://www.bmvi.de/SharedDocs/DE/Artikel/DG/mobilithek.html, zuletzt abgerufen am 26.10.2021.

bereits als Open Data verfügbar. Die Chance, die Reise- und Verkehrsdaten gemeinsam mit offenen Daten in einem darauf ausgelegten Open-Data-Portal bereitzustellen, sollte nicht ungenutzt bleiben. Es bleibt zu hoffen, dass die Integration der Daten aus der mCLOUD in die Mobilithek keinen Rückschritt in ihrer Verfügbarkeit als offene Daten bedeutet. Jedenfalls ist abzusehen, dass die Verfügbarkeit von Reise- und Verkehrsdaten weiterhin beschränkt bleibt.

Zusammenfassend lässt sich also feststellen, dass die MMTI DEL VO das Ziel einer offenen Verfügbarkeit und Verwendung von Reise- und Verkehrsdaten verfolgt. Dies überrascht nicht, da bereits in Art. 10 Abs. 5 IVS-RL auf die Geltung der Richtlinie 2003/98/EG[45] hingewiesen wurde, die die Verfügbarkeit und Verwendung von Daten des öffentlichen Sektors regelt. Die MMTI DEL VO nimmt die Interessen der Endnutzer*innen in den Blick, die für ihre Reiseplanung und situationsbezogenen Reiseentscheidungen sowohl auf statische wie auch dynamische Daten angewiesen sind.[46] Zur Erfüllung der Bedürfnisse der Endnutzer*innen setzt die MMTI DEL VO auf das Potenzial multimodaler Reiseinformationen für das gesamte Netz *„von Tür zu Tür"*, für alle Verkehrsträger.[47]

Aus §§ 3a ff. PBefG, der MDV und der technischen Umsetzung des MDM sowie der Mobilithek lässt sich dagegen ein in Teilen protektionistischer Ansatz erkennen. Die Regelungen der §§ 3a ff. PBefG zielen jedenfalls nicht in erster Linie auf die Schaffung von Datentransparenz im Verkehrssektor. Das können sie wegen des begrenzten Anwendungsbereichs des PBefG auch gar nicht leisten. Anstatt wenigstens für den erfassten Bereich für eine möglichst breite, offene und rechtssichere Verfügbar- und Verwendbarkeit der Daten zu sorgen, werden auf verschiedenen Ebenen Barrieren errichtet, insbesondere der Datenbezug an selektive Voraussetzungen geknüpft und unnötig erschwert (oben B. II.). Dabei hat die Bundesregierung selbst in ihrer Open-Data-Strategie das Potenzial offen verfüg-

---

45 Richtlinie 2003/98/EG des Europäischen Parlaments und des Rates vom 17. November 2003 über die Weiterverwendung von Informationen des öffentlichen Sektors, ABl. L 345 vom 31.12.2003, S. 90–96, aufgehoben durch Richtlinie (EU) 2019/1024 des Europäischen Parlaments und des Rates vom 20. Juni 2019 über offene Daten und die Weiterverwendung von Informationen des öffentlichen Sektors, ABl. L 172 vom 26.6.2019, S. 56–83.
46 Erwägungsgrund (12) MMTI DEL VO.
47 Erwägungsgrund (8) f. MMTI DEL VO.

barer Mobilitätsdaten herausgestellt.[48] Ebenso setzt das BMVI in seinem Positionspapier zu Open Data auf das Potenzial offener Verkehrsdaten.[49]

II. Ausblick

Die Gesetzesbegründung zu §§ 3a ff. PBefG formuliert den Anspruch, die Potenziale von Mobilitätsdaten für effizienteren, klimaschützenden Verkehr, insbesondere für moderne, digitalbasierte Mobilitätsangebote und multimodale, das heißt alle Verkehrsträger umfassende, Reiseinformationen zu nutzen. Um diesem Anspruch gerecht zu werden, braucht es einen neuen, umfassenden Ansatz für Mobilitätsdaten. Dieser Ansatz sollte, wie die MMTI DEL VO, Daten für alle Verkehrsträger und -mittel verfügbar machen und sich auf statische wie dynamische Daten erstrecken. Dies kann nicht über eine Regelung im PBefG erreicht werden, weil dieses notwendig auf die von seinem Anwendungsbereich umfassten Verkehre beschränkt ist. Der Umfang der Daten, die in der MMTI DEL VO genannt sind, sollte dabei mindestens erreicht werden. Eine regelmäßige Überprüfung und Anpassung des Umfangs der Datenbereitstellung ist darüber hinaus erforderlich, ebenso wie die Festlegung und regelmäßige Überprüfung der zu verwendenden Standards für die Strukturierung der Daten.

Der Bezug und die Verwendung der Daten sollten dabei so wenigen Einschränkungen wie möglich unterliegen. Das Potenzial von Daten ergibt sich aus ihrer Kombination auch mit Datensätzen anderer Kategorien. Dafür, die Verwendung der Daten etwa nur auf verkehrliche Zwecke zu beschränken, gibt es nicht nur keinen sachlichen Grund. Vielmehr besteht die Gefahr, dadurch Innovationen zu verhindern. Das Ziel sollte es gerade sein, die Verwendung der Daten zu neuen, das heißt in der konkreten Form bisher unbekannten Zwecken zu ermöglichen.

Zu fordern ist daher eine gesetzliche Regelung, die den Open-Data-Gedanken für den öffentlichen Verkehr nutzbar macht. Es existieren zwar bereits freiwillige oder geförderte Initiativen, entsprechende Verkehrsdaten offen zur Verfügung zu stellen.[50] Die bundesgesetzliche Festlegung von einheitlichen Vorgaben würde aber voraussichtlich noch zu einer Ver-

---

48 Bundesministerium des Innern, für Bau und Heimat: Open-Data-Strategie der Bundesregierung, Juli 2021, S. 10.
49 Bundesministerium für Verkehr und digitale Infrastruktur: Positionspapier Open Data des BMVI, Version 1.0, 24.05.2017, S. 8.
50 Bspw.: https://www.opendata-oepnv.de, https://data.deutschebahn.com/; zuletzt aufgerufen am 12.09.2022.

besserung der Zugänglichkeit und Nutzbarkeit führen. Die Aufgabe des Staates sollte hierbei maßgeblich sein, Strukturen zu schaffen und Infrastruktur zur Verfügung zu stellen. Besonders hinsichtlich der Infrastruktur sollte zu jedem Zeitpunkt im Fokus stehen, technisch notwendige und angemessene Konzepte zu verwenden.

Anlass zur Hoffnung gibt der Koalitionsvertrag der neuen Bundesregierung. Demnach ist vorgesehen, dass ein Rechtsanspruch auf Open Data, ein Mobilitätsdatengesetz und die Zugänglichkeit von Verkehrsdaten sichergestellt werden. Verkehrsunternehmen und Mobilitätsanbieter sollen zur Bereitstellung von Echtzeitdaten verpflichtet werden.[51]

Entsprechende Initiativen sind auch notwendig, um den Anschluss an europäische Ideen und Vorgaben nicht zu verlieren. So stehen für 2022 die Überarbeitung der MMTI DEL VO im Hinblick auf dynamische Daten und mögliche Regelungsansätze für multimodale Buchungssysteme an.[52]

---

51 SPD, Bündnis 90/Die Grünen, FDP: „MEHR FORTSCHRITT WAGEN – BÜNDNIS FÜR FREIHEIT GERECHTIGKEIT UND NACHHALTIGKEIT", S. 18, 50 und 53, https://www.spd.de/fileadmin/Dokumente/Koalitionsvertrag/Koalitionsvertrag_2021-2025.pdf; zuletzt aufgerufen am 12.09.2022.
52 Strategie für nachhaltige und intelligente Mobilität: Den Verkehr in Europa auf Zukunftskurs bringen, COM(2020) 789 final, Nr. 36, 37 des Aktionsplans.

Das Saubere-Fahrzeuge-Beschaffungs-Gesetz
– Europarechtliche Grundlagen und nationale Umsetzung –

Prof. Dr. Matthias Knauff, LL.M. Eur.[*]

A. Einleitung

In Anbetracht der hohen Umweltrelevanz des Straßenverkehrs sind Regelungen, die auf eine Reduzierung seiner Emissionen abzielen, seit langem Bestandteil der Rechtsordnung. Diese unterliegen mit fortschreitendem wissenschaftlichem Erkenntnisfortschritt und nach Maßgabe politischer Präferenzen regelmäßigen Verschärfungen. Seit 2009 bestehen auch Vorgaben für die Beschaffung von Kraftfahrzeugen durch die Öffentliche Hand, um deren erhebliche Nachfragemacht für die Erreichung von Umweltzielen im Verkehr zu nutzen. Im Hinblick auf die Verkehrswende ist deren Relevanz nochmals deutlicher zu Tage getreten. Wenn auch in zeitlicher Hinsicht eher zufällig, beschränken sich die Neuerungen des nationalen Rechtsrahmens für den ÖPNV im Jahre 2021 daher nicht auf die in den vorstehenden Beiträgen behandelte Reform des PBefG, sondern erstrecken sich auch auf den Erlass des Gesetzes über die Beschaffung sauberer Straßenfahrzeuge (Saubere-Fahrzeuge-Beschaffungs-Gesetz – SaubFahrzeugBeschG)[1], das der Umsetzung der Richtlinie (EU) 2019/1161 des Europäischen Parlaments und des Rates vom 20. Juni 2019 zur Änderung der Richtlinie 2009/33/EG über die Förderung sauberer und energieeffizienter Straßenfahrzeuge[2] dient, die seither die Bezeichnung „Richtlinie über die Förderung sauberer Straßenfahrzeuge zur Unterstützung einer emissionsarmen Mobilität" trägt.

Im Folgenden werden die Neuregelungen vorgestellt (C.) und in ihrer Bedeutung sowie ihrem Kontext analysiert (D.). Als Folie dient ein voran-

---

[*] Der Verfasser ist Inhaber des Lehrstuhls für Öffentliches Recht, insbesondere Öffentliches Wirtschaftsrecht, und Leiter der Forschungsstelle für Verkehrsmarktrecht an der Friedrich-Schiller-Universität Jena sowie Richter am Thüringer Oberlandesgericht (Vergabesenat).
[1] BGBl. I S. 1691.
[2] ABl. L 188 v. 12.7.2019, S. 116.

Prof. Dr. Matthias Knauff, LL.M. Eur.

gestellter Überblick über die überkommene Rechtslage (B.). Eine Bewertung beschließt die Ausführungen (E.).

B. Überkommene Rechtslage im Überblick

Basierend auf der ursprünglichen Fassung der Richtlinie 2009/33/EG über die Förderung sauberer und energieeffizienter Straßenfahrzeuge[3] verpflichteten die § 68 VgV und § 59 SektVO öffentliche wie auch Sektorenauftraggeber dazu, bei der Beschaffung[4] von Straßenfahrzeugen deren Umwelteigenschaften zu berücksichtigen. Erfasst waren gemäß Art. 4 Nr. 3 RL 2009/33/EG i.V.m. Tabelle 3 des Anhangs Personenkraftwagen (M_1), leichte Nutzfahrzeuge (N_1), schwere Nutzfahrzeuge (N_2, N_3) sowie Busse (M_2, M_3) im Sinne der Klassifizierung in Anhang II der Richtlinie 2007/46/EG[5]. Nach § 68 Abs. 1 S. 1 VgV/§ 59 Abs. 1 S. 1 SektVO hatten die jeweils erfassten Auftraggeber Energieverbrauch und Umweltauswirkungen bei der Beschaffung derartiger Fahrzeuge zu berücksichtigen. Zwingend einzubeziehen waren mindestens Energieverbrauch (Nr. 1), Kohlendioxid-Emissionen (Nr. 2), Emissionen von Stickoxiden (Nr. 3), Emissionen von Nichtmethan-Kohlenwasserstoffen (Nr. 4) und partikelförmige Abgasbestandteile (Nr. 5). Dies konnte gemäß § 68 Abs. 2 VgV/§ 59 Abs. 2 SektVO alternativ[6] oder kumulativ[7] durch Vorgaben in der Leistungsbeschreibung oder im Rahmen der Bewertungsmatrix erfolgen. Im letzteren Falle war eine Mindestgewichtung der genannten Kriterien in der Bewertungsmatrix nicht normativ vorgegeben, so dass der öffentliche Auftraggeber frei darin war, ihnen durch eine geringe Gewichtung de facto die Zuschlagsrelevanz zu nehmen.[8] Nicht vorgeschrieben war auch, auf welche Art und Weise Energieverbrauch und Umweltverträglichkeit in die Bewertungsmatrix

---

3 ABl. L 120 v. 15.5.2009, S. 5.
4 Entscheidend war die Erlangung der Verfügungsgewalt, *Willenbruch/Nullmeier*, Energieeffizienz und Umweltschutz bei der Vergabe öffentlicher Aufträge, 2012, S. 12. Neben dem Kauf wurden auch Leasing oder Miete einbezogen, *Willenbruch*, in: ders./Wieddekind (Hrsg.), Vergaberecht, 4. Aufl. 2017, § 68 VgV Rn. 3; *Schrotz/Mayer*, KommJur 2011, 81 (83).
5 ABl. L 263 v 9.10.2007, S. 1.
6 *Willenbruch*, in: ders./Wieddekind (Fn. 4), § 68 VgV Rn. 1, 8.
7 Vgl. BR-Drs. 70/11, S. 22; zu den europarechtlichen Hintergründen *Schrotz/Mayer*, KommJur 2011, 81 (84).
8 A.A. *Rusch*, in: Säcker/Ganske/Knauff (Hrsg.), MüKo Europ. Wettbewerbsrecht, 4. Aufl. 2022, § 68 VgV Rn. 14; für eine Gewichtung mindestens i.H.v. 10 % *Schröder*, in: Müller-Wrede (Hrsg.), VgV/UVgO, 2017, § 68 VgV Rn. 25.

Eingang finden mussten. Zwar regelten sowohl das europäische als auch das nationale Recht eine finanzielle Bewertung im Detail und legen eine solche daher besonders nahe. Eine entsprechende Verpflichtung statuierten sie jedoch nicht.[9] Wenn Energieverbrauch und Umweltauswirkungen von Straßenfahrzeugen finanziell bewertet werden sollten, gab § 68 Abs. 3 VgV/§ 59 Abs. 2 S. 2 f. SektVO i.V.m. den jeweiligen Anlagen 2 und 3 eine Berechnungsmethode vor, die ungeachtet der in der Literatur geäußerten Zweifel an der sachlichen Angemessenheit[10] zwingend anzuwenden war.[11] Ausnahmen von diesen Anforderungen galten gemäß § 68 Abs. 4 VgV nur für speziell konstruierte und gebaute Einsatzfahrzeuge der Streitkräfte, des Katastrophenschutzes, der Feuerwehr und der Polizei, soweit andernfalls eine Beeinträchtigung ihres hoheitlichen Auftrags zu besorgen wäre. Eine allgemeine Freistellung dieser Bereiche war damit jedoch nicht verbunden.[12]

Diese bundesrechtlichen Bestimmungen wurden (und werden) punktuell durch landesrechtliche Vorgaben ergänzt. Exemplarisch sei auf § 2 Abs. 7 S. 3 ThürÖPNVG verwiesen, wonach – letztlich beschränkt auf im ÖPNV eingesetzte Busse – „[i]n den Fahrzeugparks ... möglichst Fahrzeuge mit geringen Schadstoff- und Lärmemissionen eingesetzt werden [sollten]." Der Regelungsanspruch derartiger Vorschriften neben den bundesrechtlichen Anforderungen war jedoch begrenzt.

Auf Grundlage der früheren Rechtslage bestand letztlich keine unbedingte Verpflichtung öffentlicher Auftraggeber zur Beschaffung (möglichst) umweltfreundlicher Kraftfahrzeuge. Die Rechtslage ermöglichte im Ergebnis ungeachtet der normativen Bekenntnisse und formaler Aspekte Entscheidungen nach politischen Maßgaben und (vor allem) Kassenlage. Als Folge existierten zwar durchaus einzelne „Leuchttürme" insbesondere im ÖPNV, vor allem in Gestalt von in Metropolen eingesetzten Elektrobussen. Die insbesondere vom europäischen Gesetzgeber angestrebte marktprägende Vorbildwirkung der öffentlichen Hand wurde jedoch bei weitem nicht erreicht.

---

9 Vgl. auch BR-Drs. 70/11, S. 23; *Homann/Büdenbender*, VergabeR 2012, 1 (6).
10 Siehe die ausführliche Kritik bei *Fandrey*, in: Kulatz/Kus/Marx/Portz/Prieß (Hrsg.), VgV, 2017, § 68 Rn. 28 ff.
11 *Homann/Büdenbender*, VergabeR 2012, 1 (6 f.).
12 Näher *Knauff*, in: Burgi/Dreher (Hrsg.), Beck'scher Vergaberechtskommentar II, 3. Aufl. 2019, § 68 VgV Rn. 27 ff.

Prof. Dr. Matthias Knauff, LL.M. Eur.

C. Aktuelle Vorgaben

In Anbetracht dessen war eine Novellierung der Regelungen – nicht zuletzt vor dem Hintergrund der gestiegenen Bedeutung des Klimaschutzes – naheliegend. Da die EU von einer Regelung durch eine unmittelbar anwendbare Verordnung i.S.v. Art. 288 Abs. 2 AEUV weiterhin absah, wird die Rechtslage weiterhin durch Richtlinien- und nationales Umsetzungsrecht geprägt.

I. Richtlinie 2009/33/EG n. F.

Im Juni 2019 wurde die Richtlinie 2009/33/EG grundlegend geändert. Obwohl sie formal nicht durch eine Neuregelung ersetzt wurde, brachte die Richtlinie (EU) 2019/1161 einen Wechsel des Regelungsansatzes mit sich. Insbesondere ist an die Stelle der Berücksichtigung der Umweltverträglichkeit zu beschaffender Kraftfahrzeuge in einzelnen Vergabeverfahren die Vorgabe von Mindestzielen für den Anteil in zwei Zeiträumen getreten, die sich auf Fahrzeuggruppen bezieht.

II. Gesetz über die Beschaffung sauberer Straßenfahrzeuge

Die europarechtlichen Neuerungen waren bis zum 2. August 2021 in nationales Recht umzusetzen. Mit diesem Datum hat der Bundesgesetzgeber § 68 VgV und § 59 SektVO durch das SaubFahrzeugBeschG ersetzt, das seither die Grundlage für die Beschaffung von Kraftfahrzeugen durch vergaberechtlich verpflichtete öffentliche Auftraggeber in Deutschland bildet.

III. Gegenüberstellung wesentlicher Inhalte

Bei der Umsetzung der novellierten Richtlinie 2009/33/EG hat der Bundesgesetzgeber eine bemerkenswerte Regelungszurückhaltung an den Tag gelegt. Die nachfolgende Gegenüberstellung wesentlicher Regelungen zeigt, dass eine eigenständige Rechtsgestaltung auf nationaler Ebene auch weithin unterblieben ist. Infolgedessen kommt den Ländern eine erhebliche Verantwortung für die Europarechtskonformität der Fahrzeugbeschaffung in Deutschland zu, die weit über ihre stets gegebene Rechtsbindung hinausgeht.

	Richtlinie 2009/33/EG	SaubFahrzeugBeschG
Regelungsgegenstand und -ziele	*Artikel 1 Gegenstand und Ziele* Gemäß dieser Richtlinie haben die Mitgliedstaaten sicherzustellen, dass öffentliche Auftraggeber und Auftraggeber dazu verpflichtet sind, beim Kauf bestimmter Straßenfahrzeuge die Energie- und Umweltauswirkungen, einschließlich des Energieverbrauchs, der CO_2-Emissionen und bestimmter Schadstoffemissionen während der gesamten Lebensdauer, zu berücksichtigen, um den Markt für saubere und energieeffiziente Fahrzeuge zu fördern und zu beleben und den Beitrag des Verkehrssektors zur Umwelt-, Klima- und Energiepolitik der Europäischen Union zu verbessern.	*§ 1 Allgemeiner Anwendungsbereich* (1) Dieses Gesetz regelt Mindestziele und deren Sicherstellung bei der Beschaffung bestimmter Straßenfahrzeuge und Dienstleistungen, für die diese Straßenfahrzeuge eingesetzt werden, durch öffentliche Auftraggeber und Sektorenauftraggeber. (2) Soweit in diesem Gesetz oder aufgrund dieses Gesetzes nichts anderes geregelt ist, sind die allgemeinen vergaberechtlichen Vorschriften anzuwenden.
Anwendungsbereich	*Artikel 3 Anwendungsbereich* (1) Diese Richtlinie gilt für die Beschaffung im Wege von: a) Verträgen über den Kauf, das Leasing, die Anmietung oder den Ratenkauf von Straßenfahrzeugen, die durch öffentliche Auftraggeber oder Auftraggeber vergeben werden, soweit sie zur Anwendung der Vergabeverfahren nach den Richtlinien 2014/24/EU und 2014/25/EU des Europäischen Parlaments und des Rates verpflichtet sind; b) öffentlichen Dienstleistungsaufträgen im Sinne der Verordnung (EG) Nr. 1370/2007 des Europäischen Parlaments und des Rates, über die Erbringung von Personenverkehrsdienstleistungen auf der Straße über einen von den Mitgliedstaaten festzulegenden Schwellenwert hinaus zum Gegenstand haben, der den in Artikel 5 Absatz 4 jener Verordnung festgelegten Schwellenwert nicht übersteigt; c) Dienstleistungsaufträgen über Verkehrsdienste gemäß Tabelle 1 des Anhangs dieser Richtlinie, soweit die öffentliche Auftraggeber bzw. Auftraggeber zur Anwendung der Vergabeverfahren nach den Richtlinien 2014/24/EU bzw. 2014/25/EU verpflichtet sind;	*§ 3 Sachlicher Anwendungsbereich* Dieses Gesetz gilt für die Beschaffung bestimmter Straßenfahrzeuge und Dienstleistungen durch öffentliche Auftraggeber und Sektorenauftraggeber durch 1. Verträge über den Kauf, das Leasing oder die Anmietung von Straßenfahrzeugen, sofern die Auftraggeber zur Anwendung eines der folgenden Vergabeverfahren verpflichtet sind: a) einem Vergabeverfahren nach der Vergabeverordnung oder b) einem Vergabeverfahren nach der Sektorenverordnung. 2. Öffentliche Dienstleistungsaufträge im Sinne von Artikel 2 Buchstabe i der Verordnung (EG) Nr. 1370/2007 …, die Erbringung von Personenverkehrsdienstleistungen mit Straßenfahrzeugen gemäß § 2 Nummer 3 in Verbindung mit § 4 Absatz 1 Nummer 5 in Verbindung mit Absatz 2 zum Gegenstand haben; … 3. Dienstleistungsaufträge über Verkehrsdienste gemäß der Tabelle der Anlage 2, sofern die Auftraggeber zur Anwendung eines der folgenden Vergabeverfahren verpflichtet sind: a) einem Vergabeverfahren nach der Vergabeverordnung oder b) einem Vergabeverfahren nach der Sektorenverordnung.

	Richtlinie 2009/33/EG	**SaubFahrzeugBeschG**
Mindestziele bzgl. sauberer Fahrzeuge	*Artikel 5 Mindestziele für die öffentliche Auftragsvergabe* (1) Die Mitgliedstaaten stellen sicher, dass die Beschaffung von Fahrzeugen und Dienstleistungen gemäß Artikel 3 den Mindestzielen für die öffentliche Auftragsvergabe in Tabelle 3 des Anhangs und in Bezug auf saubere schwere Nutzfahrzeuge in Tabelle 4 des Anhangs festgelegt sind. Diese Ziele werden ausgedrückt als Mindestprozentsatz sauberer Fahrzeuge an der Gesamtzahl der Straßenfahrzeuge, die insgesamt unter alle in Artikel 3 genannten Verträge fallen, die zwischen dem 2. August 2021 und dem 31. Dezember 2025 für den ersten Bezugszeitraum und zwischen dem 1. Januar 2026 und dem 31. Dezember 2030 für den zweiten Bezugszeitraum vergeben wurden.	*§ 5 Einhaltung von Mindestzielen* (1) Öffentliche Auftraggeber und Sektorenauftraggeber haben bei der Beschaffung von Fahrzeugen und Dienstleistungen die für den jeweiligen Referenzzeitraum nach § 6 festgelegten Mindestziele insgesamt einzuhalten. Die Mindestziele bestimmen sich als Mindestprozentsatz sauberer leichter Nutzfahrzeuge und sauberer schwerer Nutzfahrzeuge einschließlich emissionsfreier schwerer Nutzfahrzeuge an der Gesamtzahl der gemäß § 3 in dem jeweiligen Referenzzeitraum beschafften sauberen leichten oder sauberen Nutzfahrzeuge.
Nachgerüstete Fahrzeuge	*Artikel 5 Mindestziele für die öffentliche Auftragsvergabe* (3) Fahrzeuge, die aufgrund einer Nachrüstung der Definition für saubere Fahrzeuge nach Artikel 4 Nummer 4 oder für emissionsfreie schwere Nutzfahrzeuge nach Artikel 4 Nummer 5 entsprechen, können für die Zwecke der Einhaltung der Mindestziele für die öffentliche Auftragsvergabe als saubere Fahrzeuge bzw. emissionsfreie schwere Nutzfahrzeuge gezählt werden.	*§ 6 Geltung und Berechnung von Mindestzielen* (7) Nachgerüstete Fahrzeuge können bei der Beurteilung der Einhaltung der Mindestziele für den Anteil sauberer leichter Nutzfahrzeuge, sauberer schwerer Nutzfahrzeuge oder emissionsfreier schwerer Nutzfahrzeuge berücksichtigt werden.
Berechnung	*Artikel 5 Mindestziele für die öffentliche Auftragsvergabe* (2) Für die Berechnung der Mindestziele für die öffentliche Auftragsvergabe ist das zu berücksichtigende Datum der öffentlichen Auftragsvergabe das Datum, an dem das Vergabeverfahren durch die Vergabe des Auftrags abgeschlossen wird. (4) Bei Aufträgen gemäß Artikel 3 Absatz 1 Buchstabe a wird bei der Beurteilung der Einhaltung der Mindestziele für die öffentliche Auftragsvergabe die Zahl der im Rahmen jedes einzelnen Auftragsvergabe durch Kauf, Leasing, Miete oder Ratenkauf beschafften Straßenfahrzeuge berücksichtigt. (5) Bei Aufträgen gemäß Artikel 3 Absatz 1 Buchstaben b und c wird bei der Beurteilung der Einhaltung der Mindestziele für die öffentliche Auftragsvergabe die Zahl der Straßenfahrzeuge berücksichtigt, die für die Erbringung der Dienstleistung im Rahmen jedes Auftrags verwendet werden sollen. …	*§ 6 Geltung und Berechnung von Mindestzielen* (4) Für die Berechnung der Mindestziele für die Vergabe öffentlicher Aufträge ist das zu berücksichtigende Datum der Vergabe des öffentlichen Auftrags das Datum, an dem der Zuschlag erteilt wird. (5) Bei Verträgen nach § 3 Nummer 1 wird für die Beurteilung der Einhaltung der Mindestziele für die Vergabe öffentlicher Aufträge die Anzahl der im Rahmen jedes einzelnen Vertrages durch Kauf, Leasing oder Anmietung beschafften Straßenfahrzeuge berücksichtigt. (6) Bei Aufträgen nach § 3 Nummer 2 und 3 wird für die Beurteilung der Einhaltung der Mindestziele für die Vergabe öffentlicher Aufträge die Anzahl der Straßenfahrzeuge berücksichtigt, die für die Erbringung der Dienstleistung im Rahmen des betreffenden Auftrags eingesetzt werden sollen.

Das Saubere-Fahrzeuge-Beschaffungs-Gesetz

	Richtlinie 2009/33/EG	SaubFahrzeugBeschG
	Auszug aus dem Anhang (betr. Deutschland) Die Hälfte des Mindestziels für den Anteil sauberer Busse muss durch die Beschaffung von emissionsfreien Bussen im Sinne von Artikel 4 Nummer 5 erfüllt werden. Diese Anforderung wird für den ersten Bezugszeitraum auf ein Viertel des Mindestziels gesenkt, wenn mehr als 80 % aller Busse, die unter die in Artikel 3 genannten Zeitraum in einem Mitgliedstaat vergebenen Aufträge fallen, Doppeldeckerbusse sind.	§ 6 Geltung und Berechnung von Mindestzielen (3) Die Hälfte des Mindestziels für den Anteil sauberer Busse nach Absatz 2 Nummer 1 Buchstabe b und Nummer 2 Buchstabe b muss durch die Beschaffung emissionsfreier Busse im Sinne des § 2 Nummer 6 erfüllt werden.
Vorgaben für Deutschland	*Auszug aus dem Anhang (betr. Deutschland)* Tabelle 3: Mindestziele für die öffentliche Auftragsvergabe für den Anteil sauberer leichter Nutzfahrzeuge, die unter Aufträge an der Gesamtzahl leichter Nutzfahrzeuge gemäß Tabelle 2 gemäß Artikel 3 fallen, auf Mitgliedstaatsebene Ab dem 2. August 2021 bis zum 31. Dezember 2025: 38,5 % Ab dem 1. Januar 2026 bis zum 31. Dezember 2030: 38,5 % Tabelle 4: Mindestziele für die öffentliche Auftragsvergabe für den Anteil sauberer schwerer an der Gesamtzahl schwerer Nutzfahrzeuge, die unter Aufträge gemäß Artikel 3 fallen, auf Mitgliedstaatsebene Lkw (Fahrzeugklasse N2 und N3) Ab dem 2. August 2021 bis zum 31. Dezember 2025: 10 % Ab dem 1. Januar 2026 bis zum 31. Dezember 2030: 15 % Busse (Fahrzeugklasse M3) Ab dem 2. August 2021 bis zum 31. Dezember 2025: 45 % Ab dem 1. Januar 2026 bis zum 31. Dezember 2030: 65 %	§ 6 Geltung und Berechnung von Mindestzielen (1) Bei der Beschaffung sauberer leichter Nutzfahrzeuge gelten für den Referenzzeitraum vom 2. August 2021 bis zum 31. Dezember 2025 sowie vom 1. Januar 2026 bis zum 31. Dezember 2030 die in der Anlage 1 jeweils genannten Emissionsgrenzwerte. Für den Anteil dieser Fahrzeuge an der Gesamtzahl der beschafften leichten Nutzfahrzeuge gilt in beiden Referenzzeiträumen jeweils ein Mindestziel von 38,5 Prozent. Die weitergehenden Verpflichtungen für die Bundesverwaltung bleiben davon unberührt. (2) Bei der Beschaffung sauberer schwerer Nutzfahrzeuge gelten für ihren Anteil an der Gesamtzahl der beschafften schweren Nutzfahrzeuge folgende Mindestziele: 1. im Zeitraum vom 2. August 2021 bis zum 31. Dezember 2025: a) für LKW der Fahrzeugklassen N2 und N3 10 Prozent, b) für Busse der Fahrzeugklasse M3 45 Prozent, 2. im Zeitraum vom 1. Januar 2026 bis zum 31. Dezember 2030: a) für LKW der Fahrzeugklassen N2 und N3 15 Prozent, b) für Busse der Fahrzeugklasse M3 65 Prozent.
Weitergehende Ziele	Artikel 5 Mindestziele für die öffentliche Auftragsvergabe (7) Die Mitgliedstaaten können höhere nationale Ziele oder strengere als die im Anhang genannten Anforderungen anwenden oder ihren öffentlichen Auftraggebern oder Auftraggebern gestatten, solche höheren Ziele bzw. strengeren Anforderungen anzuwenden.	

	Richtlinie 2009/33/EG	SaubFahrzeugBeschG
Zuständigkeit		§ 5 *Einhaltung von Mindestzielen* (2) Die Länder haben die Einhaltung der Mindestziele durch die öffentlichen Auftraggeber und Sektorenauftraggeber zu überwachen. Die Länder können für ihren Zuständigkeitsbereich zulassen, dass öffentliche Auftraggeber und Sektorenauftraggeber die für den jeweiligen Referenzzeitraum nach § 6 festgelegten Mindestziele nicht einhalten müssen, soweit die Mindestziele bereits durch andere öffentliche Auftraggeber oder Sektorenauftraggeber innerhalb des Landes übererfüllt werden. Die Länder können zur Einhaltung der Mindestziele auch Vereinbarungen mit den jeweiligen Branchenverbänden abschließen. Dabei müssen die Mindestziele nach § 6 innerhalb des jeweiligen Landes insgesamt eingehalten werden. (3) Für die Einhaltung der Mindestziele können die Länder für ihren Zuständigkeitsbereich bei einer vorliegenden Untererfüllung oder Übererfüllung der Mindestziele zum Ausgleich ein gemeinsames Mindestziel bilden. Dabei können die Länder zur Einhaltung eines gemeinsamen Mindestziels auch Vereinbarungen mit den jeweiligen Branchenverbänden abschließen. Ein von den Ländern gemeinsam gebildetes Mindestziel muss das Erreichen der Mindestziele für alle in die Berechnung einbezogenen Länder sicherstellen. Die nähere Ausgestaltung des Verfahrens zur Bildung eines gemeinsamen Mindestziels kann im Wege einer Verwaltungsvereinbarung zwischen den betroffenen Ländern geregelt werden. § 7 *Aufgaben des Bundes und der Länder* (1) Der Bund und die Länder stellen in ihrem jeweiligen Zuständigkeitsbereich sicher, dass die öffentlichen Auftraggeber und die Sektorenauftraggeber insgesamt die Mindestziele für die Beschaffung von Fahrzeugen und Dienstleistungen einhalten. Die Länder erstellen dabei jährlich einen Bericht an den Bund über die Erfüllung ihrer Aufgaben im Sinne des § 5 Absatz 2 und 3. (2) Der Bund erlässt Verwaltungsvorschriften, die sicherstellen, dass die in § 5 benannten Mindestziele durch die öffentlichen Auftraggeber und Sektorenauftraggeber des Bundes erreicht werden. Dabei werden auch Verpflichtungen für die Bundesverwaltung nach dem Bundesklimaschutzgesetz und dem Klimaschutzprogramm 2030 berücksichtigt. (3) Weitergehende Verpflichtungen für die Bundesverwaltung führen zu einem Übertreffen der Mindestziele.

D. Analyse

Die neuen bundesrechtlichen Vorgaben für die Beschaffung sauberer Straßenfahrzeuge bedürfen nicht nur der Ergänzung durch landes- und untergesetzliche Regelungen sowie ggf. durch Branchenvereinbarungen. Auch ihre juristische Durchdringung steht noch am Anfang. Die nachfolgende Analyse soll zu letzterer – ohne Anspruch auf Vollständigkeit – einen Beitrag aus wissenschaftlicher Perspektive leisten. Sie nimmt die Regelungen zunächst im Kontext des Vergabe-, des Klimaschutz- und des Fahrzeugzulassungsrechts in den Blick (I.) um sodann die normative Ausgestaltung zu hinterfragen (II.) und einige Konsequenzen für öffentliche Auftraggeber aufzuzeigen (III.).

I. Bedeutung der Beschaffungsregeln im Kontext

Das SaubFahrzeugBeschG steht in seinem Regelungsgehalt ungeachtet seiner normativen Eigenständigkeit, die es von seinen Vorgängerregeln unterscheidet und dem europarechtlichen Regelungsansatz entspricht, nicht allein. Für sein Verständnis wie auch seine Anwendung ergeben sich hieraus wesentliche Erkenntnisse.

1. Vergaberecht

Das SaubFahrzeugBeschG ist ebenso wie seine Vorgängerregelungen Ausdruck des Bemühens um ein ökologisches und v.a. Klimaschutzaspekte berücksichtigendes öffentliches Beschaffungswesen und bildet daher mit dem GWB-Vergaberecht eine Wirkungseinheit, wie § 1 Abs. 2 SaubFahrzeugBeschG explizit zum Ausdruck bringt. Zu diesem Zweck wird das Leistungsbestimmungsrecht des öffentlichen Auftraggebers[13] bereichsspezifisch eingeschränkt. Anders als zuvor fehlt es jedoch an eindeutigen Vorgaben über die Berücksichtigung der Emissionen zu beschaffender Fahrzeuge im Vergabeverfahren.

---

13 Zusammenfassend dazu *Knauff*, ZUR 2021, 218 (219 f.).

Prof. Dr. Matthias Knauff, LL.M. Eur.

a) Anwendungsbereich

Gemäß § 1 Abs. 1 SaubFahrzeugBeschG erfasst der persönliche Anwendungsbereich des Gesetzes Öffentliche Auftraggeber und Sektorenauftraggeber. Die diesbezügliche Begrifflichkeit entspricht mit Ausnahme der Einschränkung für private Inhaber von Linienverkehrsgenehmigungen auf eigenwirtschaftlicher Grundlage[14] derjenigen des GWB, § 2 Nr. 1 und 2 SaubFahrzeugBeschG.

In sachlicher Hinsicht erfasst der Anwendungsbereich des SaubFahrzeugBeschG drei Konstellationen von Fahrzeugbeschaffungen. § 3 Nr. 1 SaubFahrzeugBeschG erfasst Kauf (einschließlich Ratenkauf[15]), Leasing, Miete von Straßenfahrzeugen i.S.v. § 2 Nr. 3 SaubFahrzeugBeschG in Vergabeverfahren nach VgV und SektVO und damit oberhalb der Schwellenwerte, die derzeit für subzentrale öffentliche Auftraggeber 215.000 € und für Sektorenauftraggeber 431.000 € betragen. Dabei ist entsprechend den allgemeinen vergaberechtlichen Regeln auf den konkret zu vergebenden Auftrag abzustellen, nicht auf den Gesamtumfang von Fahrzeugbeschaffungen innerhalb der jeweiligen Referenzzeiträume. Beschaffungen von einzelnen handelsüblichen Pkw oder solchen in geringer Zahl, wie sie von kleineren öffentlichen Auftraggebern mit geringem Bedarf erfolgen, unterfallen daher dem SaubFahrzeugBeschG nicht, auch wenn deren Gesamtzahl deutschlandweit nicht unerheblich sein dürfte. Wenngleich dies die Erreichung der ökologischen Ziele des Gesetzes in Frage stellt, korrespondiert dies mit den europarechtlichen Vorgaben.

Des Weiteren werden nach § 3 Nr. 2 SaubFahrzeugBeschG öffentliche Dienstleistungsaufträge nach der Verordnung (EG) Nr. 1370/2007 über öffentliche Personenverkehrsdienste auf Schiene und Straße[16] oberhalb deren de minimis- bzw. KMU-Direktvergabeschwellen erfasst, welche den Einsatz von Straßenfahrzeugen – v.a. Bussen – zum Gegenstand haben. Unerheblich ist dabei, ob diese gemäß Art. 5 Abs. 1 S. 2 Verordnung (EG) Nr. 1370/2007 dem allgemeinen Vergaberecht unterfallen oder aufgrund ihres Konzessionscharakters dem Verkehrsvergaberecht der Verordnung (EG) Nr. 1370/2007 unterfallen, mithin in einem wettbewerblichen Vergabeverfahren, Art. 5 Abs. 3 Verordnung (EG) Nr. 1370/2007, oder einer Di-

---

14 Dazu *Schröder*, NZBau 2021, 499 (500).
15 *Schröder*, NZBau 2021, 499 (501).
16 ABl. L 315 v. 3.12.2007, S. 1, geändert durch Verordnung (EU) 2016/2338, ABl. L 354 v. 23.12.2016, S. 22.

rektvergabe, Art. 5 Abs. 2, 4 und 5 Verordnung (EG) Nr. 1370/2007,[17] vergeben werden. Der Anwendungsbereich des SaubFahrzeugBeschG erfasst daher insbesondere auch wettbewerbsfreie Inhouse- bzw. Direktvergaben an interne Betreiber, insbesondere kommunale Verkehrsunternehmen, als auch Notvergaben.

Des Weiteren ist gemäß § 3 Nr. 3 SaubFahrzeugBeschG die Vergabe von öffentlichen Aufträgen über sonstige Verkehrsdienstleistungen gemäß Anlage 2 im Anwendungsbereich des GWB-Vergaberechts in den Anwendungsbereich des Gesetzes einbezogen. Dabei handelt es sich um die durch Bezugnahmen auf CPV-Referenznummern eindeutig und abschließend bestimmte Leistungen über Öffentlichen Verkehr (Straße), Personensonderbeförderung (Straße), Bedarfspersonenbeförderung[18], Abholung von Siedlungsabfällen[19], Postbeförderung auf der Straße, Paketbeförderung, Postzustellung und Paketzustellung.

Eine Einschränkung des sachlichen Anwendungsbereichs erfolgt durch § 4 SaubFahrzeugBeschG. Die in der Norm genannten Ausnahmen erfassen eine Vielzahl von Sonderfahrzeugen.[20] Dabei hat der Gesetzgeber auch von „der den EU-Mitgliedstaaten eingeräumten Möglichkeit Gebrauch gemacht, bestimmte Fahrzeugkategorien fakultativ vom Anwendungsbereich des Gesetzes auszunehmen. Dies betrifft beispielsweise neben Fahrzeugen der Streitkräfte bestimmte Fahrzeugkategorien, die für den Einsatz zur Erfüllung hoheitlicher Aufgaben vorgesehen sind, sowie Fahrzeuge mit bestimmter Zweckbestimmung, wie gepanzerte Fahrzeuge sowie solche zum Transport von Verletzten und Kranken."[21]

b) Gegenstand der Verpflichtung

Nach der Gesetzesbegründung bilden „[d]en Kern der Umsetzungsregelungen ... die §§ 5 und 6, mit denen das Verfahren (Festlegung, Berech-

---

17 Bekanntmachung der Kommission über die Anwendung der Artikel 2, 3, 4 und 5 der Richtlinie 2009/33/EG des Europäischen Parlaments und des Rates über die Förderung sauberer und energieeffizienter Straßenfahrzeuge zur Unterstützung einer emissionsarmen Mobilität, ABl. C 352 v. 22.10.2020, S. 1 (2).
18 Zur (umstrittenen) Einbeziehung von freigestellten Schülerverkehren *Schröder*, NZBau 2022, 379 (380 f.).
19 Dazu Bekanntmachung der Kommission (Fn. 17), S. 1; *Schröder*, NZBau 2022, 379 (381).
20 Näher *Schröder*, NZBau 2021, 499 (501 f.).
21 BT-Drucks. 19/27657, S. 20.

nung) zur Umsetzung der für die EU-Mitgliedstaaten jeweils prozentual unterteilt nach zwei Referenzzeiträumen bestimmten Mindestziele innerhalb Deutschlands geregelt wird."[22] Die auf die Referenzzeiträume 2.8.2021-31.12.2025 und 1.1.2026-31.12.2030 bezogenen Mindestziele erfassen die Gesamtzahl der innerhalb des Anwendungsbereichs des SaubFahrzeugBeschG von einem verpflichteten Auftraggeber beschafften Fahrzeuge, § 5 Abs. 1 S. 2, § 6 Abs. 5 f. SaubFahrzeugBeschG, wobei für die Zuordnung zu diesen Zeiträumen das Datum der Zuschlagserteilung maßgeblich ist, § 6 Abs. 4 SaubFahrzeugBeschG. Prozentuale Ziele gelten für saubere leichte Nutzfahrzeuge (einschl. Personenkraftwagen) i.S.v. § 2 Nr. 4 SaubFahrzeugBeschG und saubere schwere Nutzfahrzeuge i.S.v. § 2 Nr. 5 SaubFahrzeugBeschG. Letztere erfassen Lastwagen sowie Busse, hinsichtlich derer mit der Vorgabe einer (lokalen) Emissionsfreiheit der Hälfte der beschafften Fahrzeuge besonders strenge Anforderungen bestehen. Sauberen Fahrzeugen gleichgestellt sind solche, die entsprechend § 2 Nr. 7 SaubFahrzeugBeschG nachgerüstet wurden.[23]

Die Erreichung der keine Spielräume eröffnenden Ziele ist grundsätzlich von jedem erfassten Auftraggeber einzeln sicherzustellen. § 7 Abs. 1 SaubFahrzeugBeschG ermöglicht jedoch aus Praktikabilitätsgründen einen Ausgleich zwischen Auftraggebern sowie zwischen Ländern.[24] Auch ist die Möglichkeit des Abschlusses von Branchenvereinbarungen vorgesehen.

Die Zielerreichung soll schließlich durch die in §§ 8 f. SaubFahrzeugBeschG verankerten Transparenzpflichten abgesichert werden. Der Erlass einer ergänzenden Rechtsverordnung steht noch aus.

c) Verfahren

Die Beschaffung der dem SaubFahrzeugBeschG unterfallenden Fahrzeuge erfolgt in „normalen" Vergabeverfahren. Anders als nach der vorherigen Rechtslage bestehen keine spezifischen Verfahrensvorgaben. Für Beschaffungen durch die Bundesverwaltung ist jedoch in § 7 Abs. 2 SaubFahrzeugBeschG eine Ergänzung durch Verwaltungsvorschriften angelegt, die bislang noch nicht erlassen wurden. Die seit 1.1.2022 geltende AVV Klima[25] gilt insoweit nur subsidiär. Für öffentliche Auftraggeber der Länder und

---

22 BT-Drucks. 19/27657, S. 21.
23 Dazu näher Bekanntmachung der Kommission (Fn. 17), S. 1 (7 f.); *Schröder*, NZBau 2022, 379 (382).
24 Siehe dazu auch *Siegel*, VergabeR 2022, 14 (16 f.).
25 BAnz AT 22.10.2021 B1.

Kommunen enthalten die Landesvergabegesetze ebenfalls keine weitergehenden Bestimmungen. Teilweise sind bestehen auch hier jedoch einschlägige Verwaltungsvorschriften und Weisungen.[26]

In formaler Hinsicht sind Ausschreibungen ab dem 25.10.2023 zwingend unter Verwendung der (angepassten) Formulare gemäß Durchführungsverordnung (EU) 2019/1780 der Kommission vom 23. September 2019 zur Einführung von Standardformularen für die Veröffentlichung von Bekanntmachungen für öffentliche Aufträge (elektronische Formulare – eForms)[27] durchzuführen. Diese sind ab dem 14.11.2022 zugänglich. Während des Übergangszeitraums kann in den Standardformularen nach der bisher maßgeblichen Durchführungsverordnung (EU) 2015/1986 zur Einführung von Standardformularen für die Veröffentlichung von Vergabebekanntmachungen für öffentliche Aufträge[28] eine entsprechende Kennzeichnung unter „Zusätzliche Angaben" vorzunehmen.[29]

Materiell ist die Effektivität der Zielerreichung sicherzustellen. Umwelteigenschaften können zu diesem Zweck entweder in der Leistungsbeschreibung vorgegeben oder durch entsprechende Zuschlagskriterien gefördert werden. Während im ersteren Falle ein Angebot von Fahrzeugen, die den Anforderungen nicht entsprechen, zu dessen Ausschluss vom Vergabewettbewerb führt, erfolgt im letzteren eine Einbeziehung in die finale Wertungsstufe. Ob dann der „Erfolg" einer umweltverträglichen Fahrzeugbeschaffung erreicht werden kann, hängt maßgeblich von der Gewichtung der Umwelteigenschaften in der Bewertungsmatrix ab. Steht die Erfüllung der Quoten durch einen Auftraggeber in Frage, wird an zwingenden Vorgaben zu Emissionseigenschaften in der Leistungsbeschreibung daher kein Weg vorbeiführen.

d) Rechtsschutz

Die Verweisung des § 1 Abs. 2 SaubFahrzeugBeschG auf die „allgemeinen vergaberechtlichen Vorschriften" bezieht grundsätzlich den in §§ 155 ff. GWB normierten Vergaberechtsschutz ein. Gleichwohl wirft die Zulässigkeit eines vergaberechtlichen Nachprüfungsverfahrens im Zusammenhang

---

26 Siehe für Berlin die Verwaltungsvorschrift Beschaffung und Umwelt (VwVBU) sowie die Beschaffungshinweise für Pkw (https://www.berlin.de/senuvk/service/gesetzestexte/de/beschaffung/beschaffungshinweise_pkw.shtml).
27 ABl. L 272 v. 25.10.2019, S. 7.
28 ABl. L 296 vom 12.11.2015, S. 1.
29 Bekanntmachung der Kommission (Fn. 17), S. 1 (9).

mit den Bestimmungen des SaubFahrzeugBeschG erhebliche Probleme auf. Zwar lassen sich dessen Regelungen durchaus als Bestimmungen über das Vergabeverfahren i.S.v. § 97 Abs. 6 GWB qualifizieren, so dass die Unternehmen einen durchsetzbaren Anspruch auf ihre Beachtung haben. Allerdings erscheint ihre Geltendmachung im Hinblick auf einen konkreten Beschaffungsvorgang wegen des globalen Charakters der Mindestziele fraglich, solange ein Auftraggeber sein zulässiges Kontingent „schmutziger" Fahrzeuge innerhalb eines Referenzzeitraums nicht ausgeschöpft hat.[30]

2. Klimaschutzrecht

Außerhalb des Vergaberechts weist das SaubFahrzeugBeschG deutliche Bezüge zum Klimaschutzrecht auf. § 4 Abs. 1 S. 1 Nr. 3 KSG enthält spezifische Minderungsziele für den Verkehrssektor, zu deren Erreichung neben zahlreichen anderen Maßnahmen auch das SaubFahrzeugBeschG beitragen kann und soll. Spezifischer bestimmt § 15 Abs. 2 S. 1 KSG, dass „[d]ie Klimaneutralität der Bundesverwaltung ... insbesondere durch ... die Wahl möglichst klimaschonender Verkehrsmittel erreicht werden [soll]." Hierzu dient das SaubFahrzeugBeschG als wesentliches Instrument.

Auch das Landesklimaschutzrecht[31] zielt teilweise auf eine klimafreundliche Ausgestaltung des Verkehrs ab. Exemplarisch sei auf § 5 Abs. 1 ThürKlimaG verwiesen, wonach „[d]ie Entwicklung des Verkehrssektors in Richtung nachhaltige Mobilität ... dem Grundsatz des Vermeidens von Verkehr, des Verlagerns auf umweltfreundliche Verkehrsarten und des Verbesserns folgen [soll]. Ziel ist es, die Treibhausgasbilanz des Verkehrssektors ... zu verbessern und den Verbrauch fossiler Energie systematisch, auch durch den Wechsel auf erneuerbare Energien, zu reduzieren. Die Landesregierung unterstützt und führt Maßnahmen durch, die diesem Ziel dienen, und nimmt selbst eine Vorbildfunktion ein." Auch dies setzt – im Zusammenwirken mit dem Gebot einer klimaneutralen Landesverwaltung, § 7 Abs. 3 S. 1 ThürKlimaG – den Einsatz und dementsprechend die vorherige Beschaffung umweltfreundlicher Fahrzeuge voraus.

Allerdings enthalten – jenseits der eher unspezifisch gefassten und mit einem begrenzten Anwendungsbereich ausgestatteten Bestimmung in § 13 Abs. 2 KSG[32] – weder das Bundes- noch das Landesklimaschutzrecht selbst

---

30 *Schröder*, NZBau 2021, 499 (503); *Siegel*, VergabeR 2022, 14 (17).
31 Zum aktuellen Stand im Überblick *Knauff*, KlimR 2022, 47 ff.
32 Näher *Schink*, in: Frenz (Hrsg.), Klimaschutzrecht, 2021, § 13 KSG Rn. 26 ff.

belastbare Vorgaben über eine klimafreundliche Beschaffung. Auch wenn ein Gleichlauf der Ziele des Klimaschutzrechts und des SaubFahrzeug-BeschG erkennbar ist, formuliert nur letzteres verbindliche Anforderungen. Mit Blick auf die Funktionen beider Regelungsmaterien in der Rechtsordnung ist dies jedoch nicht grundsätzlich zu beanstanden.

3. Fahrzeugzulassungsrecht

Kein unmittelbar rechtlicher, wohl aber ein enger sachlicher Zusammenhang besteht zwischen dem SaubFahrzeugBeschG und dem Fahrzeugzulassungsrecht. Dieses regelt, welche Eigenschaften ein Fahrzeugtyp aufweisen muss, damit er zur Teilnahme am Verkehr zugelassen wird. Dies schließt Umwelteigenschaften ein. Bei historischer Betrachtung sind die Bestimmungen durch eine stetige Herabsetzung der Grenzwerte für zulässige Emissionen von Schadstoffen und CO_2 gekennzeichnet. Wichtige Rechtsgrundlagen sind derzeit

- die Verordnung (EU) 2018/858 über die Genehmigung und die Marktüberwachung von Kraftfahrzeugen und Kraftfahrzeuganhängern sowie von Systemen, Bauteilen und selbstständigen technischen Einheiten für diese Fahrzeuge[33],
- die Verordnung (EG) Nr. 715/2007 über die Typgenehmigung von Kraftfahrzeugen hinsichtlich der Emissionen von leichten Personenkraftwagen und Nutzfahrzeugen (Euro 5 und Euro 6) und über den Zugang zu Reparatur- und Wartungsinformationen für Fahrzeuge[34],
- die Verordnung (EU) 2019/631 zur Festsetzung von CO_2-Emissionsnormen für neue Personenkraftwagen und für neue leichte Nutzfahrzeuge[35]
- die Verordnung (EU) 2019/1242 zur Festlegung von CO_2-Emissionsnormen für neue schwere Nutzfahrzeuge[36]
- die Verordnung (EG) Nr. 595/2009 über die Typgenehmigung von Kraftfahrzeugen und Motoren hinsichtlich der Emissionen von schwe-

---

33 ABl. L 151 v. 14.6.2018, S. 1, geändert durch Delegierte Verordnung (EU) 2021/1445, ABl. L 313 v. 6.9.2021, S. 4.
34 ABl. L 171 v. 29.6.2007, S. 1, zuletzt geändert durch Verordnung (EU) 2018/858 (Fn. 33).
35 ABl. L 111 vom 25.4.2019, S. 13, zuletzt geändert durch Delegierte Verordnung (EU) 2021/1961, ABl. L 400 v. 12.11.2021, S. 14.
36 ABl. L 198 v. 25.7.2019, S. 202.

ren Nutzfahrzeugen (Euro 6) und über den Zugang zu Fahrzeugreparatur- und -wartungsinformationen[37].

Perspektivisch ist eine weitere Verschärfung der Emissionsvorgaben zu erwarten. Infolge des so forcierten „Verbrennerausstiegs" werden in absehbarer Zeit konventionell angetriebene Fahrzeuge am Markt zunehmend seltener verfügbar sein. Es ist daher zu erwarten, dass sie auch unabhängig von auftraggeberseitig vorgegebenen Beschränkungen auf lokal emissionsfreie Fahrzeuge in Vergabeverfahren angeboten werden.

II. Normative Ausgestaltung

Regelungstechnisch ist die Ausgestaltung des Fahrzeugbeschaffungsrechts nur teilweise gelungen. Die offensichtlichen Defizite der Vorgängerregelungen wurden zwar überwunden; die nunmehr geltenden Bestimmungen weisen jedoch ihrerseits erhebliche Mängel auf, welche die Erreichung ihrer Ziele in Frage zu stellen geeignet sind.

Mit der novellierten Richtlinie 2009/33/EG hat der EU-Gesetzgeber bewusst auf eine Durchregulierung verzichtet. Dies entspricht zwar dem Grundsatz der Subsidiarität, Art. 5 Abs. 3 EUV, weicht aber sowohl vom Ansatz der früheren Richtlinienfassung als auch von demjenigen des EU-Vergaberechts im Übrigen ab. Mit der Beschränkung auf prozentuale Zielvorgaben in den Referenzzeiträumen für Fahrzeugbeschaffungen erfolgt letztlich eine Verantwortungsverschiebung auf die nationale Ebene, wie sie wiederum für das EU-Klimaschutzrecht nicht untypisch ist.

Der Bund wiederum hat sich seiner Regelungsverantwortung unter Hinweis auf das zutreffend erkannte „breite Umsetzungsermessen"[38] weithin entzogen. Die politisch beliebte und mitunter auch geeignete „1:1-Umsetzung"[39] stellt sich im vorliegenden Kontext wegen der notwendigen Konkretisierung der europarechtlichen Vorgaben als partielle Regelungsverweigerung dar, die zugleich die Effektivität der Umsetzung in Frage stellt. Eine Nichterreichung der Zielvorgaben der Richtlinie 2009/33/EG

---

37 ABl. L 188 vom 18.7.2009, S. 1, zuletzt geändert durch Verordnung (EU) 2019/1242 (Fn. 36).
38 So die Stellungnahme des Bundesrates zum Regierungsentwurf, BT-Drucks. 19/27657, S. 45.
39 Vgl. den diesbezüglichen Hinweis des Normenkontrollrates in BT-Drucks. 19/27657, S. 39.

wäre allerdings als dem Bund zuzurechnende Vertragsverletzung i.S.v. Art. 260 Abs. 1 AEUV zu qualifizieren.

Den Ländern kommt (in Anbetracht der Masse der zu beschaffenden Fahrzeuge) letztlich die Gesamtverantwortung für die Realisierung der europarechtlichen Anforderungen zu.[40] In Verbindung mit äußerst begrenzten Kompetenzen – insbesondere im Bereich des Vergaberechts, § 170 GWB – legt dies die Gefahr eines zur Dysfunktionalität des Rechtsrahmens führenden Regelungsausfalls nahe. Das in § 5 Abs. 2 S. 3, Abs. 3 S. 2 SaubFahrzeugBeschG vorgesehene Instrument der Verbändevereinbarung ist in Anbetracht seiner Unklarheit nicht geeignet, diese Defizite zu kompensieren, mögen auch „Branchenvertreter (zum Beispiel bdo, VDV) ... bereits in ihren Stellungnahmen zum Referentenentwurf deutlich die Bereitschaft zur Mitwirkung signalisiert [haben]."[41] Auch bestehen – jedenfalls soweit es einen wesentlichen Beitrag zur Zielerreichung leisten soll – erhebliche Zweifel an seiner Europarechtskompatibilität, da es in der Richtlinie 2009/33/EG keine Grundlage findet.[42]

III. Konsequenzen für Auftraggeber

Für die Anwendung des Rechtsrahmens durch die verpflichteten Auftraggeber folgt aus dem Vorstehenden zum einen, dass die Fahrzeugbeschaffung auch künftig in „normalen" Vergabeverfahren erfolgt. Zum anderen steht außer Frage, dass jeder einzelne Auftraggeber einen Beitrag zur Erreichung der jeweiligen Landesziele leisten muss.

Im Einzelnen bestehen freilich erhebliche Spielräume und Unsicherheiten. So stellen sich im Verhältnis zwischen einzelnen Auftraggebern und der Gesamtheit der dem SaubFahrzeugBeschG unterfallenden Auftraggeber (insbesondere) innerhalb eines Landes bislang trotz § 5 Abs. 2 und 3 SaubFahrzeugBeschG weithin unbeantwortete Fragen nach der (konkreten) Möglichkeit des Ausgleichs, seiner Grundlage und seinen Konsequenzen wie auch nach den Auswirkungen erfolgter Kontingentüberschreitungen auf andere Auftraggeber. Für den einzelnen Auftraggeber stellt sich im Hinblick auf Einzelvergaben und Fahrzeugbeschaffungen innerhalb bestimmter Zeiträume nicht nur die Herausforderung der Planbarkeit, sondern auch der – derzeit nicht uneingeschränkt gegebenen – Marktverfüg-

---

40 Ähnlich *Schröder*, NZBau 2021, 499 (502).
41 BT-Drucks. 19/27657, S. 49.
42 *Schröder*, NZBau 2022, 379 (382 f.).

barkeit der benötigten Fahrzeuge.[43] Offen ist schließlich der Umgang mit der Begrenztheit finanzieller Mittel. Dabei handelt es sich nicht nur um ein generelles (und auch haushaltsrechtlich zu adressierendes) Problem bei Beschaffungen, sondern im vorliegenden Kontext nicht zuletzt um ein solches, welches gerade im ÖPNV Auswirkungen auf die Möglichkeiten zu verkehrswendebedingte Verkehrsausweitungen zeitigen kann.

E. Fazit

Insgesamt fällt eine Bewertung des neuen Rechtsrahmens für Fahrzeugbeschaffungen wenig positiv aus. Seine rechtssichere Anwendung erscheint auf Grundlage seiner derzeitigen Ausgestaltung kaum möglich. Damit verbunden sind erhebliche Zweifel hinsichtlich der Erreichung der ökologischen Ziele. Auch finanzielle Aspekte erweisen sich als weithin ungeklärt. Insgesamt ist der Bundesgesetzgeber daher dringend zur Nacharbeit aufgerufen, wenngleich eine darauf gerichtete Bundesratsinitiative von der Bundesregierung bereits abgelehnt wurde.[44]

Zumindest teilweise werden die Defizite des Rechtsrahmens allerdings durch die fahrzeugtechnischen Vorgaben aufgewogen. De facto folgt ein Zwang zur klimafreundliche(re)n Beschaffung bei neuen Fahrzeugen mangels (künftiger) Verfügbarkeit anderer Fahrzeuge aufgrund Typenzulassungsvorgaben. Ob sich auf diesem Wege jedoch die Mindestquoten erreichen lassen, erscheint mehr als zweifelhaft.

---

43 Siehe für einen Marktüberblick *Klimaschutz- und Energieagentur Baden-Württemberg*, Informationen zur Clean Vehicles Directive (Richtlinie (EU) 2019/1161). Umsetzung im Bereich ÖPNV, 2022, S. 25 f. (abrufbar unter https://www.kea-bw.de/fileadmin/user_upload/Nachhaltige_Mobilitaet/Wissensportal/E_Mobilitaet/Informationen_zur_CVD_KEA-BW_2022.pdf).
44 Stellungnahme der Bundesregierung v. 25.1.2022 zur Bundesratentschließung BR-Drs. 368/21(B).